▲ 缥缈峰

▲ 横山岛

▲ 西山全景

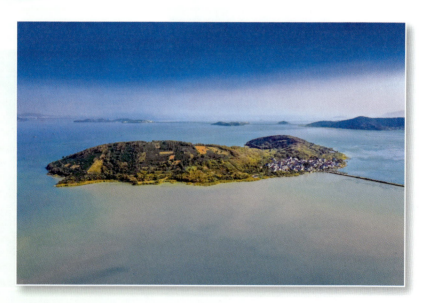

▲ 阴山岛

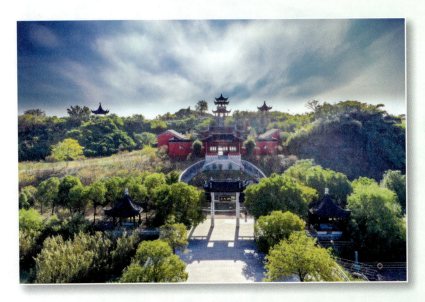

▲ 桃花岛（大鼍山）

▲ 唐寅《震泽烟树图》

▲ 王蒙《具区林屋图》

▲ 毛公积雪

▲ 角里梨云

▲ 林屋梅海

▲ 庭山帆影

▲ 元山"小九寨沟"

▲ 水映长滩

▲ 天王坞水库

◀ 林屋村居

◀ 缥缈村居

▼ 明月湾村居

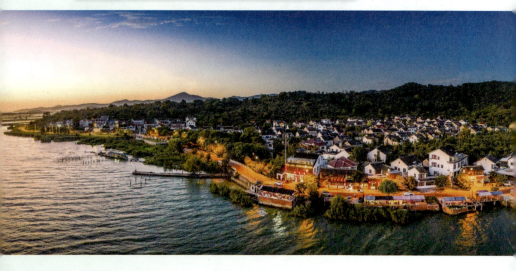

太湖生态岛历史文化丛书

志说西山

苏州市吴中区金庭镇历史文化研究会 编著

苏州大学出版社

图书在版编目（CIP）数据

志说西山 / 苏州市吴中区金庭镇历史文化研究会编著. -- 苏州：苏州大学出版社，2024.9. --（太湖生态岛历史文化丛书）. -- ISBN 978-7-5672-4957-8

Ⅰ. K928.705.34

中国国家版本馆 CIP 数据核字第 2024C48P22 号

ZHISHUO XISHAN

志　说　西　山

编　　著：苏州市吴中区金庭镇历史文化研究会
责任编辑：倪浩文
出版发行：苏州大学出版社
社　　址：苏州市十梓街 1 号
邮　　编：215006
网　　址：http://www.sudapress.com
邮　　箱：sdcbs@suda.edu.cn
印　　刷：苏州市越洋印刷有限公司
开　　本：890 mm×1 240 mm　1/32
印　　张：6.25
插　　页：4
字　　数：141 千
版　　次：2024 年 9 月第 1 版
印　　次：2024 年 9 月第 1 次印刷
书　　号：ISBN 978-7-5672-4957-8
定　　价：65.00 元

若有印装错误，本社负责调换
苏州大学出版社营销部　电话：0512-67481020

◎ 编 委 会

撰　稿　　金培德　　邹永明
编　委　　金培德　　邹永明　　秦伟平
　　　　　莫同兴　　李兆良　　蒋建法
　　　　　吴国良　　黄永良　　陈炳华
　　　　　余　莉　　张　成

◎ 目录

概述金庭	/ 1
西山的前世今生	/ 5
西山人文底蕴积淀之源	/ 12
西山村落探源	/ 26
西山姓氏探源	/ 38
西山四村落探说	/ 53
洞庭西山诗文里的茶果历史	/ 58
西山十八寺及其他	/ 66
西山古桥留下的不仅是桥名	/ 95
江南文人画里的洞庭西山	/ 104
咏烈堂门里的千秋军魂	/ 110
苏州沧浪亭五百名贤祠中的西山人	/ 118
西山古景与新景	/ 125
天王坞里的那些事	/ 133
涵村与孙坞的故事	/ 138
小雷山上的一些事	/ 146
说说元山	/ 150
钱穆先生为何落葬在俞家渡石皮山？	/ 155

话说东村敬修堂里的那位殷孺人 / 159
西山名泉古井今安在？ / 165
樟坞方亭 / 173
西山同乡会 / 178

编后记 / 193

概述金庭

金庭，因山而名，悬于太湖之中，为苏州市吴中区辖区内的一个历史文化名镇、江南著名风景名胜区之一。其陆地面积84.59平方千米，域内含西山、横山、阴山、绍山、大干山、小干山、思夫山、笠帽山、大鼍山、小鼍山、大砂山、大小雷山、婆杵山、青浮山等20余座岛屿。有11个行政村、2个社区。其中，西山岛最大，其次为横山、阴山等。那么大的一个区域，从古到今的事儿多得很，要想说好它，真的很难。

有人说，金庭是一幅山水画，没错。金庭山峦起伏，连绵纵横，有大小峰岭90余座。其中，缥缈峰最高，海拔336.6米，有"太湖第一高峰"之称，被明代王鏊誉为"吴中泰山"。其浸于太湖之中，为水所包，古称包山。山中有湖，湖中有山。唐宰相房琯说："不游兴德、洞庭，未见山水。"斯言诚矣。村落居民沿湖藏坞占湾而居，阅尽湖山风光。如画之金庭，处处为景。域内大景小景，移步换景，令人心旷神怡。著名的景区有石公山、林屋洞、缥缈峰等。吃、住、游为一体的景点有幸福山庄、开心农场、金满庭农业园等。古村落有明月湾、东村、植里（下泾）、东西蔡、后埠、堂里、衙甪里、涵村等。其中，明月湾、东村古村为中国历史文化名村；蒋东村后埠为江苏省历史文化名村。另有"林屋梅海""金铎风铃""水映长滩""岭东玫瑰""庭山帆影""甪里梨云""西湖夕照""屠坞竹海""大鼍桃云""罗

林屋梅海

汉藤樟交柯""小九寨沟"等景致景观。其中,以"林屋梅海"为最。

有人说,金庭是花果山、鱼米乡,也对。金庭域内盛产碧螺春、青梅、枇杷、杨梅、桃、李、梨、橘、板栗、银杏、石榴等,可谓"月月有花,季季有果"。有农田千亩,还有著名湖鲜"太湖三白"(白鱼、银鱼、白虾)。金秋十月,稻谷飘香。

  有人说，金庭底蕴深厚，禅意深深，也没错。金庭历史悠久，有着五千余年的人类活动史。漫长的时空里，留下了大禹治水藏《素书》的传说、吴越人文活动的遗迹、南渡望族建的村落、明清富商置地建的豪宅，还有官员归隐的足迹和历代文人墨客精美的诗文篇章。金庭古为道教重地。林屋洞、毛公坞、马城宫、上真宫、天妃宫等，昔为道家活动的重要场所。在金庭修道的有墨佐君、刘根、阴长生、葛洪、周隐遥等人。南朝梁武帝兴佛，域内佛教大兴，著名的有"十八寺"。其中，包山寺最负盛名，曾留有清帝钦赐"敬佛"两字和明万历年间的一部木刻《大藏经》。

  有人说，金庭人杰地灵，英才辈出，也不假。唐朝出过宰相郑清之、清吏麴信陵，宋代出过理学家马国珍。元代有易学家俞琰等。明代则更多：文学家有蔡昇、蔡羽、郑坤；官吏有俞贞木、徐缙、郑准、劳逊志、蒋诏、秦伯岭、叶初春、蔡人龙、徐师曾等；书画家有陆治、陆文组等。清代有医学家王维德、书画家秦敏树等；有实业家罗焕章、蔡际云、费延珍、费芍如等。当代有眼科专家孙信孚、中国工程院院士蔡吉人、博士生导师，秦伯强和叶建强等。

有人说，金庭可赏可品，说得很对。赏读金庭，可读出金庭源远流长的文脉，感受吴越春秋隐士的心迹、历代移民对太湖山水风光的钟情、历代文人对金庭美景的痴情。品读金庭，可品出金庭先祖们勤劳聪慧、勇敢刚毅、淳朴善良的优秀品质，也可品出当代人继往开来之精神及历届金庭党委、政府为提高百姓幸福感所付出的种种努力。

有人说，金庭宜居宜隐，说得真不错。金庭自古就有"居之幽"的评述。来金庭度度假，散散心，品品茗，尝尝鲜，都是不错的选择。民宿、农家乐、古宅遍及域内村落，任尔挑选。冬去春来，有花有果，漫山遍野，暗香流动。鸟鸣虫叫，菜花稻谷，田园风光；丘陵碧池，太湖落日，山水美景；古桥古树，深巷幽街，古韵盎然。君至金庭，可放飞心境，暂别红尘，远离纷争，做一回清静、悠然的自我。

金庭交通方便。太湖大桥飞架，汽车直达苏城各地。域内沿湖有环山大道，村村有公交相通，自驾车可直抵各景点及村落。横山、阴山两岛有大堤相通，为网红打卡点。

金庭是大自然鬼斧神工的馈赠，是上苍的妙笔生花；是一卷吴越史诗的巨幅画册，一部生态山水书写的清丽巨著，一首古代文明与现代科技交响的歌。吴越根脉，山水相依；田园风光，花果飘香；人文村落，明清遗迹；科技之光，创新融合——这就是金庭。

西山的前世今生

西山,今名太湖生态岛,为金庭镇之别名。域内西山岛是最大的一座岛屿,曾拥有过多个名字:夫椒、包山、洞庭山、林屋山、洞庭西山、西洞庭山、西山、金庭、太湖生态岛等。

夫椒,西山最古老的名字。春秋时,吴国与越国之间,不时会发生一些战争。西山隶属于吴国地盘,且是吴国之前沿阵地。汉司马迁《史记》告诉我们,周敬王二十六年(前494),吴王夫差率军在夫椒大败越军。夫椒在哪里?南朝陈顾野王在《舆地志》云:"(包山)即古夫椒山也。"北朝魏郦道元在《水经注》载道:"湖有苞山,《春秋》谓之夫椒山,有洞室入地潜行,北通

吴王夫差败越于夫椒纪念石

琅邪东武县，俗谓之洞庭。"为何叫夫椒？文史专家沈庚荣在《金庭镇（洞庭西山）建制区划小史》一文中认为：夫椒，为古越语的音译，直译是椒山，原意不详。"夫"来自古越语"山"的发音，现在的壮语、泰语仍然用这个词，方块壮字写为"岜"，意思是山。椒为落叶灌木或小乔木。若望文生义的话，是否当年岛上种植着许多椒？或者岛上丘陵林立犹如椒形而得名？《玄中记》告诉我们，林屋洞有一个岩洞，"山穴道一名椒山"。那么，夫椒山之称是否和这个穴道有关？各类史书上均无记载，不能妄下定论。

秦汉时期，夫椒山易名包山。唐陆广微《吴地记》云："（包山）在县西一百三十里，中有洞庭深远，世莫能测。"北宋朱长文《吴郡图经续记》云："包山，在震泽中。"

为何叫包山？以四面水包之，故名。或又谓包公尝居之。清翁澍《具区志》载："以水包之，故名包山。或又谓仙人鲍靓所居，通呼鲍为包。"

包山，别名洞庭山。宋范成大《吴郡志》云："洞庭包山，即洞庭山也。"明《姑苏志》亦云："洞庭山在太湖中，一名包山，以四面水包之故名，或又谓包公尝居之。"何谓洞庭？因为山中有林屋洞，洞有"金庭玉柱，故号洞

林屋洞摩崖石刻

庭"。三茅真君讲，山腹中空是谓洞庭。唐李密思亦说，洞庭为神仙洞府之一，以其为洞府之庭，故称洞庭。郭璞说，吴县西南太湖包山中有洞庭穴。《洞庭湖志》引用郭璞的话，说君山洞庭有地道，潜通吴之包山，是湘君之所游处。显然，上述所言的洞穴指的就是林屋洞。

为何叫洞庭山？明代王鏊认为有两种原因。其一，因为林屋洞中有"金庭玉柱"；其二，因为太湖中有金庭山、玉柱山也。清翁澍认为，其称洞庭，则以湖中有洞山、庭山也。洞山，即今林屋洞山；庭山，即今相连于太湖大桥的大庭山（东北有湖中小庭山）。

包山，又名林屋山。林屋山，俗称龙洞山。因山立石成林，洞内顶平如屋而得名。明卢熊洪武《苏州府志》载："包山，包或作苞。在县西一百二十里太湖中，即洞庭山，一名林屋山。"清康熙间郡守陈鹏年在王维德《林屋民风》序云："太湖周五百余里，中有峰七十二。洞庭最大。洞庭有东西两山，东曰莫厘，西曰林屋。"清末西山文人刘荣远又写了一首《林屋村歌》。所有文献资料告诉我们：包山、洞庭山、林屋山，一山多名而已。

洞庭山、林屋山都是以林屋洞为根本的，没有洞，何谓洞庭？史料显示，在秦、汉、唐、宋，乃至清中期，西山多数被称为包山、洞庭山、林屋山。

到了南宋，洞庭山始分两山而论，即洞庭东山（简称东山）、洞庭西山（简称西山）。宋范成大告诉我们：洞庭山在太湖中，有东西两座山。"西山最广，林屋洞及诸故物悉在焉。东山有柳毅井，为古迹。"东山，春秋吴越时叫胥母山，又名莫厘山，其纳入洞庭山后，就有了东洞庭之说。

太湖之山，为天目山余脉。湖之西北为山十有四，马迹最大。又东为山四十有一，洞庭最大。又东为山十有七，东洞庭最大。明文学家吴宽《兴福寺记》告诉我们，吴地多水，其最巨者曰太湖。太湖中多山，其最巨者曰洞庭。洞庭为山，周可百里，中有穴，相传禹藏治水符于此，因名。其东十里又山，相距而差小，其胜略等，人称东洞庭以别之。"洞庭山"之称，在相当一段时间内仍然单指包山。清康熙五十二年（1713）《林屋民风》湖山图中，两山依然作"洞庭山""东山"以别。

洞庭西山，又名西洞庭山，简称西洞庭、西山。《震泽编·两洞庭》载："西洞庭周八十余里，上有居人数千家。汉王玮玄、韩崇、刘根、梁杨超远、叶道昌、唐周隐遥、唐若山，皆于此学道。"清金友理《太湖备考》载："西洞庭山，属吴县，在县西南九十里，去胥口五十里。周八十余里，居民一万五千余家。"及至民国，西山人、东山人就一直以洞庭山人自称。至民国初期，西洞庭山就完全简称西山了。1912年7月，西山岛在建制上开始称为西山乡、西山区，岛上的人始以西山人自称。至此，西山这个名字深深地烙进了人们的心里。

1956年3月，西山被划为石公、东河、建设3个大乡。岛上的人有了一些地域的区别概念：石公乡人、东河乡人、建设乡人。其后，分分合合。1958年10月，石公、东河、建设3乡合并为金庭人民公社。1963年4月，金庭人民公社又划分为金庭、石公、建设（堂里）3个公社。于是，金庭这个称谓被人们定格在了西山岛的东北方一带。

1983年7月，撤社改乡，西山分为金庭、石公、堂里

3个乡。

1987年1月,金庭、石公、堂里3个乡又合在一起,称西山镇。2007年6月,西山镇易名为金庭镇。易名后,一直居住在外地的游子有了很大的反响。因为在他们的心里西山是"父",金庭、石公、堂里只是西山的3个"儿子",他们之间是兄弟关系。但突然之间金庭这位兄长上升到了"父辈"的地位,感情上一时难以接受。其实,好多人并不知道,金庭在历史上曾经有过这样的地位。

金庭因金庭山或林屋洞而得名。明代时,金庭曾与林屋山、洞庭山互用,直至清乾隆年间还没有间断过。何以为证?明嘉靖八年(1529)蔡羽《林屋集》刻本云:"维金庭之钟萃兮……"嘉靖九年(1530)《明故仇君爱之墓志铭》中说,其祖世代为金庭旧族。可见,明代中期"金庭"已经与"林屋"并列。仇氏一族,世代居于今石公仇巷一带。按理,仇氏应称为仇巷旧族(或为西山旧族),却言"金庭旧族"。《林屋民风》亦云:"所谓洞天福地者也。因金庭而名,则人兼其称曰'洞庭山'云。"清赐进士第出身翰林院编修叶长扬在《清处士抱村公墓志铭》中说,堂里徐氏为金庭巨族,堂里地处建设乡,有徐氏一支世居堂里。其不称堂里旧族,而称"金庭巨族",道理不言而喻。民国时期,旅居外地的西山人开办的会馆,都称金庭会馆。如长沙金庭会馆、岳州金庭会馆、新堤金庭会馆、上海金庭会馆等。创馆之人,并非都是西山岛东北部人士,如新堤金庭会馆,创设者以石公片区的王、蔡两姓为多。其会馆中开设的店铺三泰老、三泰近、三泰仁,均系圻村王近仁所开设。洞庭西山旅沪同乡会(有数千人,含叶山岛人)在上海办了一张报纸,亦名《金庭》，其组织称"上海金庭会馆善后委员会"。1929年，李根源西山访古，随行的张自明在缥缈峰上留下一方摩崖石刻："金庭第一峰。"缥缈峰位于堂里乡域内，是太湖中第一高峰，却题为"金庭第一峰"，亦足见金庭于西山之地位。

1937年前，民国政府曾想为西山岛起另一个名字——"西山国立第一公园"，时任农广部林政司司长刘伯量、设计委员会专门委员陈植、第二科科员陈云尘等三人在吴县第十二公安分局局长郑伟业的陪同下，考察了西山林屋洞、玄阳洞、缥缈峰、石公山等地。夜晚，郑局长复以"洞庭八景"及"三庵十八寺"诸名胜，逐项与三委员等煮茗畅谈数小时。刘司长等赞叹不止，并称洞庭西山为仅数省中独一无二之名胜、世外之桃源、人间之天府。三位委员考察结束后，报刊上登出消息，以为规划设计"西山国立第一公园"指日可待矣。结果，日寇侵华，抗日战争全面爆发，西山岛建设公园之计划成为泡影。

《苏州明报》1929年11月29日报道中关于建设西山国立第一公园的记载

我们不能忘记历史。夫椒山这个地名是西山岛得名最早的一个。春秋之后,夫椒山之名已沉淀在历史中,留在了各类史书中,以致大多数西山人全然不知在两千多年前有过这样的一个名字。为了保留这个几乎失传的地名,金庭镇人民政府在申报路名时,留下了"夫椒山路",也留下了"西洞庭山路"等地名。

在飞速发展的现代化步伐中,苏州地区许多地方已经面目全非,然西山这块地方,悬于太湖之中,其山形地貌等基本保持着原始的风貌。2020年起,高标准规划建设西山,成为苏州市、吴中区的重要战略部署。从此,金庭镇有了一个新的名字:太湖生态岛。

夫椒山、包山、洞庭山、林屋山、洞庭西山、西洞庭山、西山、金庭、太湖生态岛,不同的世纪里有过不同的称呼,有时是并列着的,就像古人的名、字、号、别号等,但不管文人笔下如何题写,其为西山的概念没有变。

西山人文底蕴积淀之源

清《马氏宗谱》《洞庭西山形势论》说，洞庭西山鼎峙湖心，山水秀丽，四时花果，居民淳朴，间出名士，不俗不野。自古至今名硕游历其境者，多称其为"天下第一乡也"。居住在这样一个美丽的地方，有人一直问笔者，西山是从什么时候起就有人类居住的？1988年4月，在西山考古中发现俞家渡遗址，征集到石器4件，采集陶器30余件（片）。石器有石凿、石锛，陶器残件有红衣陶牛鼻式器耳、鸡冠耳、夹砂陶釜腹、罐口沿、鼎足等。人们在张家湾、横山等地也捡到了斧子般的石器。这些发现告诉我们：西山从新石器时代开始就有人类居住了。

西山人文底蕴从何而来？让我们先穿越一下历史，时间回到亿万多年前，大自然的魔力让太湖诸岛闪亮登场。尧舜时期，洪水泛滥，席卷华夏。汹涌的洪水淹没了田地，淹死了山民。西山也迎来了大禹的勘察。大禹因治水有功，被推为领袖，开创了中国的夏朝。他走上了神圣而高高的殿堂，草野民间却流传着他治水的故事，并留在了西山文明的史册上。

唐《吴地记》引《洞庭山记》曰：洞庭有二穴，东南入洞，幽邃莫测。昔阖闾使灵威丈人寻洞，秉烛昼夜而行，继七十日，不穷而返。……内有石床枕砚。石几上有素书三卷，持回，上于阖闾，不识，乃请孔子辩之。孔子曰："此夏禹之书，并神仙之事，言大道也。"唐朝大诗人白居易来到禹期山，一番察看，兴致盎然，挥笔写下《禹期山》诗。诗告诉我们，那个地方（今称前湾山）是大禹治水时会集诸侯等人一起查勘研究对策的地方。唐人小说中讲一个渔人捕鱼时发现了一条巨大的铁链，不知为何物，于是报告了当时的刺史李汤。李汤命人用了五十多头牛才拉动铁链，没想到铁链尽头竟锁着一头巨大的怪兽。这只怪兽长得好似猿猴，眼放金光，环视人群，欲发怒狂，观看的人一见，吓得一哄而散，这只怪兽才拖着群牛慢慢地回到水中。此后，有渔人又见其锁，却不见怪兽。后来，李公佐来到太湖边游玩，在林屋洞内得到一本《古岳渎经》，上面记载的是关于这只怪兽的事，原来它是大禹治水时降服的一只水怪，叫无支祁（鲁迅说这是孙悟空的原型之一）。志书和小说是两个完全不同的版本，但都和大禹治水有关，也和林屋洞有关。沿着唐代人的记载以及小说故事，明代的志书中以及清代人都流传着大禹治水在西山留下足迹的故事。清代的翁澍把《古岳渎经》的故事收进了《具区志》内，俞樾和暴式昭在林屋洞雨洞的上方题刻下了"灵威丈人得大禹素书处"10个大字，让后人以及游客知道西山历史文化的源远流长。

洪水过后，慢慢呈现在太湖中的是一座座郁郁葱葱、泉水叮咚、花果飘香、群鸟翻飞的岛屿。诸岛幽静中带着一丝神秘，奇秀中透着一种野趣，山水相映，花红叶绿，鸟语虫鸣。西山成为大自然恩赐于人类的一方宝地，宜居宜隐宜耕读。

春秋吴越的时候，吴王阖闾来了、夫差来了。他们带着士兵，驻扎在这个西山岛屿之上，操练水军，训练士兵，守卫着吴国的疆土,并时刻警惕着越国的动向。吴王则养马养鹿,带着美女不时来消夏度假。站在石公山顶,望着越国的方向,心里盘算着如何来吞并他们。于是,在太湖中,吴越之间,不时发生着一次次大大小小的战争。在反反复复的较量中,吴王夫差因迷恋美色、听信奸佞而丧失国家。西山的土地也归属于越国。吴国的兵士们被屠杀、被追逐。他们纷纷逃窜,有的逃亡到了日本,有的逃到了海南等地,

"灵威丈人得大禹素书处"摩崖石刻

《太湖备考》中关于可盘湾的记载

有的则在西山的山坞中藏了起来，成了西山居民的先祖。在越国吞并吴国的战争中，越国有位叫诸稽郢的大将，为灭吴立下赫赫战功，他期望着能够分封土地，成为一方领地的主人。但他想错了，狡兔死，走狗烹；飞鸟尽，良弓藏。越王是个可共患难不可共享福的人。诸稽郢只能叹息着悄然离去。他相中了西山，做了个隐士，为金庭传下了诸家河头诸氏一脉。

吴国灭了，吴王的故事与足迹却流传了下来。消夏湾、可盘湾、兵场里、画眉潭、渡渚山，等等，都有吴王的故事。西山是个偏僻幽静的地方，是个有山有水、有花有果、鱼虾鲜美的地方，是个远离尘世，可以避乱，过过修身养性日子的地方。那么，时局动荡之际，风云变化之时，就去太湖里的西山岛上扎根，那里"兵火所不及"。唐朝的麴信陵认为"此处可逃秦"。兴许，他的先祖就是因为躲避秦朝的暴政而迁居西山的。在乱世中，能求得一方净土，耕云钓月，人生足矣。

秦朝的西山，定然也有过不少的隐士。但似乎只留下一则思夫山的故事被收录进了《吴郡志》："思夫山，在太湖中。旧说秦有逸人居此，采药不回。妻念之而死，后人哀之，以名山。"故事告诉我们，秦朝的那位逸人来到西山，住在那个太湖中的岛上，终日采药、炼丹，最终又不知跑到哪里去了。总之，出门多年不归家。妻子十分思念，去湖中小岛寻找不到，以致相思成疾而死。那湖中小岛后人称为思夫山。这实在是一个传说，未必为真。清代文人吴庄认为是文人凿空，讹传，他认为思夫山不大，像一粒螺蛳浮出水面，仅为数亩，不是人居住的地方，是吴地人把"蛳浮山"音讹而成的。但这个故事，笔者认为不一定只是讹传，或许有其真实的一面。因为秦朝时代太过遥远了，那时的这座山或许高出湖面许多，是可以住人的，后来由于地壳的变化，它下沉了。当地的百姓也有这样的传言，说湖下有一条石埂，连接着思夫山与大干山。昔年是可以来往的。是真？是假？今人难以考证。

汉时，道士名家王玮玄、韩崇、刘根等人皆来到了洞庭西山。不久，有四个老头来了，他们曾隐居在"商山"，被尊为"商山四皓"。因为辅助了刘邦的儿子刘盈而得罪了戚妃，避祸来了。这四个人就是周术、唐秉、崔广、吴实，他们都是秦朝时的博士，学问很大的人。刘邦得势时，他们躲在商山，尽管刘邦多次邀请，但始终不肯出来做官。后来却被刘盈所感动，走到了前台。但也因此埋下了祸根。四人毕竟都是有智慧的人，眼看形势不妙，三十六计走为上。于是悄然南下，越过太湖，来到了僻静的金庭，过起了隐居生活。一般认为，他们留下了四个村名，分别为甪里、东村、绮里和慈里。其实，崔广留下的应该是夏泾与慈里两个村名。

修道的刘根看中了林屋洞对面的山坞，设坛修起道法来。这个山坞今天被称为毛公坞。相传他修炼时冬夏不穿衣服，长了一身绿毛，故有"毛公"之称。想必刘根是个极具智慧的人，居然得道成为仙身了，相传像只鸟儿似的会飞来飞去。刘根"飞"走了，他留下的坛被称为"毛公坛"，成为天下道家七十二福地中的第四十九福地。另一位修道的阴长生也来了，他到了北端太湖中的一个小岛上。于是，这个岛被称为阴山岛。明代的叶初春为阴山写了一篇《三官宝殿记》，村人勒石竖碑于庙前（今在阴山古樟树下）。碑文告诉我们：阴山乃阴长生煮石餐霞之区，天地钟灵之所。东汉延平元年（106），墨佐君来了，他在水月坞内置坛求仙，留下了石台、池潭、茶地的故事。事见于《震泽编》。此地，上有池可半亩，前有石高丈余，其下水分南北，百步许有地名吃摘，出茶最佳。谚云："墨君坛畔水，吃摘小春茶。"

历史演绎，时代到了三国。西山又属于吴国了，不过不是夫差的吴国，而是孙权的东吴了。孙权手下有个人叫阚泽。阚泽出身贫寒，不是"官二代"，也不是"富二代"，靠着自己的智慧与胆略，官至太子太傅。相传他在禹期山下有座别墅，退隐后就在那里安度晚年生活，直至去世。去世后便安葬在这里。这里的百姓把他的墓称为将军坟。按照传统，父亲葬在那儿，子嗣或家丁应该去守墓的。但他的子孙、家丁似乎没有来守墓。西山也没有阚氏一族。他的宅子破旧了，倒塌了，后来来了僧人，就在他的宅基上建起了寺庙，即今天我们知道的普济寺（文化寺）。阚泽另一处别墅在横山，盘龙寺就是在他的宅基上建起来的，明末名臣申用懋有过记载。

晋代时期，西山来了一位重量级的人物，他就是葛洪。葛洪在晋大安中授将兵都尉，迁伏波将军，赐爵关内侯；咸和初转司徒，又选为散骑常侍领等，但他固辞不就，飘然南下，来到了西山。《包山葛氏世谱》告诉我们：葛洪为迁居洞庭西山一世始祖。他隐于洞庭，终于罗浮，享年八十一岁。笔者猜想，葛洪至西山后，看到西山风光优美，药材丰富，不肯离去，在绿石山下结庐而居，研究丹药。父亲终年不见，子孙十分思念。《葛氏家谱》又说，他的四子葛宙，寻寻觅觅，来到西山，终于在乔梓岭（今称父子岭）见到了父亲。葛洪嘱咐儿子留下隐居，不必为官。葛宙遵父命，留在了西山，传下了葛氏一脉。葛氏为生活在西山最早的姓氏之一。

南北朝时期，西山已经声名远播了。梁武帝在全国推行佛教。西山成了僧徒们看好的地方。于是，包山寺、福源寺、水月寺等寺庙相继而建。西山的山坞里响起了晨钟暮鼓，香火冉冉上升，善男信女接踵而来。那时，西山应该有不少的居民了。他们以种植花果为业，打鱼为生，日子过得美滋滋的。出产的茶叶和橘柚，已经作为特色产品

《包山葛氏世谱》书影

被官府所青睐而作为贡品了。

　　隋大业年间,北方郑氏白麟公因乱而南下,闻太湖包山之幽静,于是越过太湖,来到了甪里一个叫芳塘的地方,扎下了根,开挖了郑泾之港,传下了郑氏一脉。

　　唐时的麹信陵家在西山,后来考取功名,去外地做官了,贞元六年(790)任安徽省望江县令。为百姓做了不少好事。死后还被当地人留葬立祠。虽然他没有为西山传下后代,但他与西山的情缘则永远留在了史册上。或许还有其他一些人与麴信陵家是邻居,遗憾的是我们无从知道。美丽的西山成为世人的桃源了,来游玩的人很多。有些客人喜欢把这种美好的状态感受写下来,留下精美的文字,留给憧憬的后人。比如,唐朝的韦应物、白居易、刘长卿、刘禹锡、王昌龄、皮日休、陆龟蒙、贾岛等。许多人都是学者型的官。他们怀着激情,踏上了西山这方令人向往的土地,也怀着激情纷纷写下了脍炙人口的诗歌。皮日休《明月湾》中"试问最幽处,号为明月湾"的诗句,更使明月湾平添了几分神秘的色彩。

水月坞内的小青茶名声在外,唐朝时期的茶圣陆羽和诗人刘长卿在皎然和尚的介绍下,一起来到了西山考察茶事。在包山寺住持维谅和尚的陪同下,前往水月寺,到寺旁墨佐君坛边采茶、煮茗,为西山的茶事留下了一段佳话。

五代后周时期,西山又来了东汉伏波将军马援的后人平南将军马抗,于是这里有了马氏一族。

北宋元丰间,西山慈里夏氏一族中的夏元富是"钻天洞庭"中的佼佼者。他十六岁即外出经商,至三十八岁已经成为洞庭山的巨富,回乡建起了富丽的豪宅善庆堂,亦为元、明、清时代的致富商人树立了榜样。宋末,金兵入侵,政局不稳,高宗被逼迁移南下,世称"南渡"。其时,北方达官贵族、大批兵马一起跟从高宗来到了临安(今杭州)。皇族的南移,给江南地区带来了空前的繁荣,也给太湖中的诸岛带来了北方浓厚的人脉关系与生活气息。北宋时期有个叫孙觌的人,老家晋陵,大观三年(1109)进士,建炎初由内阁出任平江知府,但没有多少日子,就不高兴当官了。他爱慕西山的山山水水,泛舟太湖,来到西山岛上,天天与一些诗僧、韵士们流连于丰林邃壑间，互相吟诗作答，兴致盎然，恋恋不舍，侨居于西山岛，名其舍为"休寓室"。祥符年间，徐三奇因游学苏州，来到了太湖西山岛，爱慕山水之风光，就不走了，成了北徐迁山始祖。西山域内的俞氏、蔡氏、秦氏、沈氏、黄氏、陆氏、蒋氏、李氏、严氏、屠氏、劳氏、朱氏、金氏、费氏、戚氏等，都是南渡而来。这些氏族大多是名门望族的后裔，也有皇亲国戚。宋、元、明、清中，他们的子孙或慕洞庭山水风光，或爱西山之幽静，或避乱，纷纷隐居到此。他们的到来，造就了西山。至此，西山再也不是一个人烟稀少的地方。山坞、山脚、湖边都有了氏族的居住。随着人口逐渐增多，初步形成了"七村八巷九里十三湾"的基本格局。

与此同时，宋朝的苏轼、范成大、苏舜钦、杨万里、汤思退等诗人纷纷来到西山，写下了不少优美的诗文。范成大的《太湖石志》、苏轼的《洞庭春色赋并引》、苏舜钦的《苏州洞庭水月禅院记》等都脍炙人口；还有隐居在林屋洞旁的李弥大留下了一方珍贵的《道隐园记》摩崖石刻。

宋末元初，著名的道学家俞琰来了，他隐在西山西端的小埠里著书立说，写下了《周易集说》《易外别传》《阴符经注》等著作。来游玩的诗人有张雨、王鹏等。

明代的西山，人文荟萃。培养的官吏有徐缙（赠吏部尚书）、蒋诏（江西道监察御史）、郑准（广东按察司检事、山东道监察御史）、劳逊志（潮州知府）、沈理（登州府同知）、蒋球玉（夷陵州知州）、蔡惟忠（沂州知州）、沈茝臣（巩昌府知府）、蔡蒙（南宁府知府）、蔡人龙（浔州守备）、叶初春（兵科给事中）、凤翕如（衡州知府）、秦伯龄（监察御史、山东巡抚）、严铎（东昌府通判）、俞贞木（都昌县知县）、蔡羽（南京翰林院孔目）等。这些人中，有以政绩惠民著称者，如凤翕如，《太湖备考》："凤翕如，字邻凡，西山石公山人。由贡生任云南右卫经历，转湖广汉阳府通判，摄汉阳县事，有惠政。献贼来攻汉阳，太守温、城守梁皆弃印走，翕如独秉四印，以忠义励民，相与死守，贼不能克，去，薄武昌，汉城安堵如故。士民有'温梁留不住，单凤守孤城'之语，勒石道周，以著其绩。寻转长沙，升衡州知府，卒于任。"有以文学著称者，如蔡羽，其少年时操笔就有奇气。长大后，仕途不得意，但为文有秦汉风骨，诗尤隽永。王宠、陆治等曾拜其门下。蔡羽离世，文徵明为其撰《翰林蔡先生墓志铭》。有以清廉出名者，如俞贞木，曾在江西都昌县做官，回家时，竟然只带了一只破筐，用布衣裹着，看上去很重，家人启视之，乃一斫柴斧耳，其清苦如此。除了清官、文学家，还有著名画家、医学名家等。如明代著名画家陆治。陆治，堂里涵村人，世称陆包山。师从文徵明，以山水、花鸟见长。又如明代著名医师陆宁寰，西山植里人。为太医院院判，治疗疾病很有名声。被皇上赐曰"指上阳春"。其孙陆世隆，擅长外科。无论晨夜风雨，延请即赴，不以贫富异视，以此名重吴中。

　　明代的西山很热闹。有小居的或前来游玩的文人达官。著名的有王鏊、沈周、文徵明、唐寅、祝允明、申时行、胡缵宗、王宠、高启、谢晋、袁宏道、陶望龄、姚希孟等。王鏊与徐缙是翁婿关系，他从宰相的位上退下后，时常来西山住在女婿家里，游山玩水，为西山留下了不少优美的诗文碑刻。沈周、文徵明、唐寅住在朋友家里，为西山留下了不朽的画作。祝允明、王宠也为西山留下了精彩的墨宝。祝允明,擅长诗文,尤工书法,为"吴中四才子"之一。其楷书的《思静处士陆君墓志铭》碑刻,被留在了西山的水月坞里。王宠,诗、书、画皆能,人谓"文徵明后推第一"。其早年与兄王守在西山随蔡羽学书,余暇时游玩西山,后结集留下楷书《游包山集》。胡缵宗的墨宝留在了林屋洞阳谷洞口。其他人的诗文均留在了西山的文史书册上。

清代的西山,文人闪耀、豪宅四起。著名的乡贤文士有王维德、周公贽、秦嘉铨、蔡旅平、秦敏树等。这些人中尤以王维德为重,王维德是清代慈里人,医学、文学上都有很大的建树。其所创阳和汤、醒酒丸等至今为临床治阴疽等的代表方剂,《外科证治全生集》为近代外科学主张外症内治一派代表作,其撰写的《林屋民风》依然为西山后学引经据典的重要资料之一。周公贽,消夏湾人,随父徙居郡郊之芙蓉江,后还乡卜宅镇夏里。周公贽不喜为官,追求文学。吴江潘耒有《处士周觐侯公传》。秦嘉铨、蔡旅平分别为西山秦家堡、东蔡人,均博涉经史、工古文辞,著作颇丰。秦敏树,西山秦家堡人,其画工山水,擅篆刻,所作五律近晚唐,为俞樾所称赏。作《林屋山民送米图》并题诗赠予廉吏暴式昭,轰动文坛,亦为西山提供了丰富的廉洁文化资料。著名的大宅留存于今的有明月湾的瞻瑞堂、裕耕堂、礼耕堂等,东村的敬修堂、萃秀堂等,堂里的仁本堂、心远堂等,东西蔡的春熙堂、爱日堂、畲庆堂等,后埠的承志堂等,植里的培德堂等,夏泾的仁寿堂等,甪里的宁远堂、世美堂等。这些古堂的主人都是"钻天洞庭"中的商界代表,他们致富不忘根,为家乡留下了宝贵的物质财富，也奠定了明月湾、东村、堂里、东西蔡、植里、后埠、甪里等获评中国传统村落的厚实根基。

清代的西山，文人纷至沓来。有凌如焕、沈德潜、王鼎、吴庄、张大纯、沈荃、沈宗敬、徐崧、李慈铭、龚自珍、梁同书、朱彝尊、汪琬、洪亮吉、吴伟业、姚承绪、翁方纲、钱陈群、宋仪望、吴时德、沈彤、王鸣盛、嵇璜、于敏中、蒋元益、黄轩、钱大昕、彭启丰、潘世恩、严其焜、钟光裕等。这些人中有些是清代赫赫有名的人物，他们在西山题刻或创作的诗文，让我们知道西山历史上的文脉是深厚的。

近代至今，为西山留下诗文篇章的人持续不断，如叶圣陶、田汉、俞平伯、艾煊、高晓声、柯灵、周瘦鹃、范小青、王慧骐等。来西山视察、考察的党和国家领导人也有很多，他们的到来，为西山增添了无限的光彩。

西山的星空里，群星闪烁，云彩如锦。西山的文化根植于美丽的山水生态，来源于湖光山色、奇石深壑、花果飘香之中。春秋吴越之后的名流因"慕太湖"而归隐，奠定了西山人文的耕读基础。南渡的扈从们，开启了西山村落百姓的繁华生活。崇尚自然、热爱生活、与人为善、耕

堂里仁本堂

读传家的人文思想,就像一颗颗种子飘落到了西山这方肥沃的土地上,开花结果,春去秋来,花团锦簇,绵绵不息。

西山村落探源

西山村落较多，有沿湖而居的，有藏坞而居的，有依山脚而居的，有在腹地而居的……清时有"七村八巷九里十三湾"之称。其实，湾中亦有村落，故西山自然村落远不止这些。清翁澍《具区志》中载村落三十五个，清王维德《林屋民风》中载村落五十七个，清金友理《太湖备考》中载村落八十七个，清刘荣远《林屋村歌》中涉及的村落有九十八个，民国《吴县志》中载村落二百一十个，当代《吴中区志》中载村落一百五十九个。在1995年农村城市化管理中，派出所户籍登记的自然村落则有一百六十三个。其中，有些是新增加的，有些则已经合并，有的甚至消失了。村落名多种多样，笔者现据派出所户籍村落门牌登记，大致分为以下几种。

《林屋民风》书影

以姓氏为名的 如蒋家场、徐家场、黄家堡、秦家堡、里屠坞、外屠坞、马家门前、仇巷、徐巷、陈家头、戚家场、葛家坞、蔡巷、张巷、陈巷、柯家村、朱家弄、劳家桥、谢家堡、西蔡、东蔡、陈家桥、堵家地、胡家地、金村、张家湾、劳家桥下、南徐南、祝家桥等。西山不少地方还因大族迁居或因该氏族人丁兴旺、地位崇高而易名,如甪里村,该地秦时叫禄里村,甪里先生迁居后易名"甪里";又如秦家堡,秦氏迁居前该村落称安仁乡,等等。

东蔡古村

西蔡古村

东村古村

以隐居者号为名的 如东村(以"商山四皓"之一唐秉之号东园公而得名)、绮里(以"商山四皓"之一吴实之号绮里季而得名)、甪里(以"商山四皓"之一周术之号甪里先生而得名。《具区志》载甪里本洞庭山人)、夏泾和慈里(以"商山四皓"之一崔广号夏黄公而得名)。

以标志性建筑或物体为名的 如堂里(以建古堂多得名)、樟坞(位于石公村,昔称张坞,今无张氏,以村落底有古樟而得名)、朴树头(位于秉常村,以村中有朴树而得

甪里古村

名)、塔头(位于缥缈村,以村东昔有白塔而得名)、双塔头(位于秉常村梅益村口,以昔有双塔而得名)、白果树头(位于衙甪里慈里,以村口有古银杏树而得名)、杨树头(位于东河社区,以村口港湾处昔有杨树而得名)、梅堂坞(位于堂里村,以昔年坞内种植梅树而得名)、梅园里(位于秉常村,因辟有梅园而得名)、黄石桥(位于慈里村,以村前有两块黄石架于溪流之上而得名)、狮子头(位于秉常村,以村口昔有两头石狮子而得名)、毛竹场(位于秉常村,以村前昔年港湾船只停靠处堆放毛竹而得名)、牌楼头(位于衙甪里村,以村中建有明代郑准御史牌楼而得名)、香花桥(位于元山鹿村,以村中昔有香花桥而得名),等等。

以山形为名的 如元山(昔作鼋头,以山嘴如鼋而得名)、居山(位于林屋村,原作龟山,以山形如龟而得名)、圻村(位于缥缈村,以山临湖而长形得名)、横山(位于东村村,以山横于湖中而得名)、大明湾(位于石公村,以村

堂里古村

落山形如一钩弯月而得名）等。

以方位而名的 如东湾（位于东村村，以昔村口由东而入得名）、西湾（以位于东村村东湾之西得名）、洞山下（以位于林屋村林屋洞下方而得名）、中腰里（昔称中窑，以位于林屋村前堡、后堡之间而得名）、岭东湾（位于元山村，以在山岭的东面得名）、前堡（位于林屋村，以与后堡相对而得名）、后堡（位于林屋村，以与前堡相对而得名）、田下（位于石公村，以村落居于稻田之下而得名）、南湾（以位于西山岛南面的一个湾得名）、山东（以位于秉常村铁山之东而得名）、山下（以位于衙甪里村郑公岭山脚下得名）、庙东（以位于缥缈峰东而得名，"庙"为"缈"之讹写）等。

以郡号为名的 如东阳汇头（位于缥缈村，以浙江东阳沈氏郡望而得名）等。

以春秋吴越遗迹为名的　如兵场、兵汇、鹿村、养马桥、渡渚等，这些地名均为吴王在西山时留下的地名。

以寺庙、祠堂为名的　如罗汉圩（位于秉常村，以坞内建有罗汉寺而得名）、祠堂场（位于秉常村，以村内黄家祠堂而得名）、天王门口（位于东河社区，以村后建有天王寺而得名）等。

以明清时期设建置为名的　如二图里（位于东河社区，原二图里隶属梅梁里吴县第三十二都）等。

以意境为名的　如梧巷（位于石公村，宋代凤韬迁居地，以凤非梧桐不栖之意而得名）、包旺（一名葆旺，位于东蔡村村委西侧，因越臣毛朗护卫包山有功，死后被封为包山之神，其地因而得名，有以使包山兴旺之意）、涵村（位于堂里村，以村落临湖，溪流潺潺，水光映村而得名）、阴山（以古时大树参天、隐天蔽日而得名；亦有谓道士阴长生在此炼丹而得名）等。

以谐音讹传的　如杨巷（位于石公村，村落百年前均无杨姓，居王氏，以土音王、杨不分所致）、薛家桥（位于东蔡村，原为沈家桥，为沈氏所造，因昔年西山有抬菩萨出位的习俗，至沈家桥换人接"驾"，故俗称接驾桥，后因"接""薛"土音不分，讹为"薛"字）、前坟头（位于秉常村，原为钱坟头，系吴越王钱氏族人墓葬之地）、五家弄（位于东蔡村，昔为吴家弄，西山"吴""五"不分，又恰有五户人家而得名）、大埠和小埠（位于衙甪里村，昔为郑氏家族之墓葬之地，称大墓、小墓，谐音讹而为大埠、小埠；一

后埠古村

说后因开掘河埠得名）、许巷（位于石公村，昔为煦巷，因昔村落临湖，旭日照巷，温暖户户故名，后讹为"许巷"）等。

以行业为名的 如竹刀村（位于林屋村，昔年村人以做篾匠为业而得名）、窑上（位于林屋村，昔以此地烧木炭、石灰石而得名）等。

以传说为名的 如凤凰山（位于缥缈村，昔年有冯、王两姓而得名冯王山，今无冯姓；后相传有凤凰栖息而易名）、镇夏（位于秉常村，传说此处为大禹镇杀水怪夏妖处而得名）等。

以官署为名的 如衙里（位于衙里村，以昔年设游击衙门而得名）。

其余不——罗列。

历史演绎,时光变迁,清代时期的村落有些已经消亡,如疃里村的杨家场、南湾里的康家弄、秉汇村的树头门、南徐村的沙家桥、溪口里等。有些村落还在,但已经为他姓所居,原姓仅仅留下地名而已,如后堡村的朱家弄、徐家场,明月湾的金家坞等。有些仅有地名,村落已无,如东村村的南夏泾等。有些留在历史中的村落名由来至今已经无人知晓,如鲁马、石舍、破路村等。

西山村落地名的演变,也是西山历史进程的演变。从康熙年间至清末民初,西山村落地名从三十余个扩展至一百六十余个,充分说明了西山户籍人口的发展变化。而至今留存的地名经过沉淀,有的保留了原名,有的被取代,有的已衍生新的名字。

附一:清光绪二十六年(1900)刘荣远作《林屋村歌》

天然林屋峙沧波,一点青山似碧螺。
接水连云无限意,洞庭风景尽包罗。
阔浪浮天元嘴昂,钓台夜月漾波浪。
遥观帆影迷天际,夕照东湖泊小航。
前湾轻舫问何来,沉思湾中送客还。
后埠争先登渡渚,辛村环绕水萦回。
黄犊辛村飞玉虹,轻风麦浪满畦陇。
天王荡漾波光静,野草闲花处处同。
俞家弄口掩柴扉,寂寂无声过客稀。
钟起神宫峤子岭,月轮斜挂白云微。
玄阳稻浪若小河,洞庭连㕙如蜿螺。
金鹿村前凭眺望,香花高拱接头陀。

养马圩滨近厍头，鱼池鲤跃化龙游。
小桥田岸渔家乐，湖上风轻放钓舟。
后堡遗风三经家，焦山积翠四围遮。
安居乐业耕樵读，岁熟山田夏亩跨。
一进中腰片刻间，袁家脚下有龟山。
片牛望月奔前堡，策马洞山下岭艰。
飞步行来不自由，张家谷口听鸣鸠。
松林无碍庵幽静，月下弹琴石点头。
龙洞何妨秉烛游，凉风镇下暑初收。
白鸥飞过俞家溇，夕照山东月满楼。
莫家堪下浪涛生，磅礴声闻煦巷惊。
且喜早登田下穗，金梧两巷乐升平。
石公秋月夜光浮，旸坞朝曦玉露收。
映出明湾如画卷，西湖夕照一珠球。
明湾岭脊下高岗，蔡巷南湾古朴乡。
迅速张杨两巷过，黄家堡下橘初香。
仇巷安居乐升平，养马桥头卜亦精。

植里古村

汇上社坛昭国在，葛家坞里管弦声。
漫游已到菉葭河，徐巷徘徊逸兴多。
迤逦秦家堡下憩，忽闻消夏唱渔歌。
缥缈晴岚佳气浓，苍松月影翠重重。
群山环绕东西蔡，萧寺晨敲上下钟。
吐浪吞波大小龙，圻村瓦屑旋寻踪。
东阳汇上石狮吼，惊起冯王山下噰。
芝头岭上露光融，慈里烟舍西与东。
欲说千秋人共赏，塔头一览意无穷。
峧上烟舍草色苍，幽居绮里望牛肠。
崎岖岭上凭高眺，甬里梨云一片香。
小埠相连大埠前，忽听衙里响弓弦。
柯家截住前河口，甬嘴波浪水接天。
旋步飞行山下来，堂湾仙迹紫云台。
花山既约钟声起，疃里遥闻陈巷回。
曲径劳村草木深，涵村陆氏有园林。
西湾结伴东湾去，朝拜南阳观世音。
绿暗红稀植里春，柳荫独钓下泾鳞。
张家湾问前何处，唤指东村若比邻。
金铎余音金铎闻，吴村四望起秋云。
劳家桥上飞鸿过，东宅河头望雁群。
息舫偏亭淀紫山，望崦岭锁若重关。
钟鸣古刹天王寺，霜落马城月半环。
夕照陈家坞沉藏，胡家弄口沈家场。
夹墩罅望屠周坞，宿鸟飞飞月吐光。
南徐溪口水潺潺，潋滟晴光曲曲湾。

清映马村新月影，凭眺窑上见双环。
上横路走利名人，来去悠悠夜复晨。
偶到钱坟探旧迹，昔年黄土化飞尘。
梅园满树缀霜葩，香雪海称果不差。
林屋晚烟如匹练，峭然双塔实堪夸。
昔日吴王驻兵场，毛公积雪煮玉浆。
旋赴包山罗汉会，归来齿颊有余香。
镜花水月板桥霜，泡影灯球转眼茫。
一片云烟如卷轴，西山胜景尽收藏。

涉及的九十八个村落，依次如下：元山、前湾、沉思湾、后埠、渡渚、辛村、俞家弄、金村、鹿村、香花桥、头陀桥、养马圩、鱼池、小桥头、田岸头、后堡、焦山、夏亩里、中腰里、龟山、洞山下、张家、镇下、俞家渎、山东、莫家堪、煦巷、田下、金巷、梧巷、石公、旸坞、明湾、蔡巷、南湾、张巷、杨巷、黄家堡、仇巷、养马桥、汇上、社坛、葛家坞、蓤葭河、徐巷、秦家堡、东蔡、西蔡、圻村、东阳汇头、石狮汛、冯王山、芝头岭、慈西、慈东、塔头、峧上、绮里、甪里、小

圻村

塔头

屠坞村

蒋东村

埠、大埠、衙里、柯家村、前河、山下、堂里、瞳里、陈巷、劳村、涵村、西湾、东湾、南阳、植里、下泾、张家湾、东村、金铎、吴村、劳家桥、东宅河头、崦里、陈家坞、胡家弄、沈家场、屠坞、周坞、南徐、溪口里、马村、窑上、上横路、钱坟头、梅园里、双塔头、兵场里、罗汉坞。

附二：1927年西山旅沪同人会名单中提到的七十二个村庄

镇夏、秉场里、双塔头、中窑里、张家、洞山下、前堡、后堡、窑上、马村、头陀桥、鹿村、金村、鼋山、东河滩、前湾、辛村湾、后埠、陈思湾、五徐桥、南徐、东宅河、二图里、沈家场、劳家桥、周坞、东村、金铎、植里、夏泾、张家湾、东湾、涵头上、涵村、陈巷、衙里、大埠、小埠、甪里、瞳里、堂里、慈里、凤凰山、岭东、圻村、东阳汇、西蔡、秦家堡、东蔡、徐巷里、包旺、蔡墓岭、葛家坞、社坛、堇荿河、吴家弄、汇里、仇巷、杨巷、南湾、明湾、旸坞、石公、金巷、吴巷、许巷、夏家底、俞家渡、荫山、横山、养马圩、吴村头、叶山（叶山1996年划出西山）。

西山姓氏探源

西山姓氏较多，大部分姓氏来自北方移民。吴越时期就有人避居于此。秦至北宋，有人陆续迁居建村。南宋之后，村落渐兴。从元至清，人口剧增，但姓氏以徐、陆、沈、蔡、蒋、马、屠、劳、郑、金、朱、秦、吴、黄、李、陈、张、叶等为主。其时，岛上通婚基于近村邻境，鲜有岛外婚嫁。清王维德《林屋民风》载："凡嫁女娶妇，不适他境，皆近村比境，如古朱陈之类乎。"姓氏总量基本保持在十余个之间。改革开放之后，尤其是太湖大桥开通后，交通的便利，使西山与外界通婚的数量明显增多了起来。至2020年，据户籍统计，西山姓氏量达三百四十三个，其中包括少数民族姓氏二十二个。

最早有案可稽传下姓氏的，应该属于秉汇村诸家河头的诸氏。诸氏源于春秋吴越时越国大夫诸稽郢，其后裔大多以打鱼为生，以船为家，漂泊太湖港湾之间，过着隐居般的生活，没有建立起有一定规模的豪宅村庄。随后是来西山落脚的汉代的"商山四皓"。这四个人中，相传甪里先生和夏黄公曾留下过后裔。清《具区志》载："汉甪里先生，四皓之一也。本洞庭山人。其后隐居商洛深山中。今洞庭山西南有甪里村，其故居也。"其子孙遂以为氏，或作甪氏。后汉有甪若叔者，乃是他的后人。汉后，其地已经没有甪氏，仅存周家上头周氏一族。村内存明代万历辛巳年（1581）《周氏义松碑记》云："禄里之村，两山夹峙，

诸稽郢墓

各高数十仞……其下则周氏宅之，里有周氏也，云自甪里先生始。即未核，然而聚族繁衍，从来远矣。"此碑告诉我们，此地早年叫禄里村，后有周氏一族，传为甪里先生周术之后代，虽然没有核查，但周氏在此繁衍的历史还是很久远的。另外今慈里有黄、夏两姓，传为夏黄公之后。但也是相传而未核，没有谱牒、碑记之类。

从家谱中寻找村落姓氏的来历，有三十余个姓氏都有案可稽。

葛家坞葛氏 源出晋代葛洪之后。葛洪四十一世孙葛

39

树功《重修世谱引》云："余族出自晋咸和初，稚川公隐绿石山（今金铎山旁），为洞庭始祖。"定居而衍生葛氏一族的始祖为葛洪第四子景七公葛宙。清沈德潜《包山葛氏世谱序》云："葛氏出晋先贤抱朴子后，第四子景七公以父辞爵隐去间关寻访，至洞庭，遇父于马税城南，今尚号为父子岭。占籍后子姓繁衍。二十一世孙逮康衢公避花石之扰，徙居下阳（今东汇上与仇巷村交界处），立斋公复迁于葛家坞。"康衢公迁居下阳为北宋崇宁四年（1105）秋。立斋公迁居葛家坞，为明代成化九年（1473）八月。明代王鏊有《赠葛立斋移家坞中记》，云："先生始居下阳里，盖自宋康衢处士以来三百余年矣。其西北有缥缈峰，峰下左有坞，距下阳约二三里。先葛氏茔其地。立斋春秋瞻墓，道经坞中，辄留连不能去。今夏乃徙家其间。辄谓人曰：'吾爱其静也，故欲居之。'"葛立斋为迁居葛家坞始祖。秉汇村陆家河头昔有葛洪祠，始建于清康熙五十年（1711），由葛氏三十九世孙允宏等鸠工而建。乾隆十年（1745），由朝廷拨款，四十一世孙树式复踵门。赐进士出身、诰授通奉大夫、礼部右侍郎加二级的沈德潜有《葛稚川先生祠堂记》。惜葛洪祠堂于2000年后被夷为平地，祠基也出售于苏州人，并建起了数幢别墅。葛氏一族，主要生活在葛家坞。

甪里郑氏 源出河南郑州，约隋朝大业后，魏建威将军郑茂长子郑白麟迁居西山甪里村，为甪里郑氏始祖。郑氏一族，亦为北方望族迁居西山早期者之一。

马村马氏 始祖为伏波将军马援二十四世孙、后周平南将军马抗。《马氏家乘》载："吴邑洞庭马氏其先系出伏波将军援，二十四传而有讳抗者，仕后周，为平南将军。

葛洪像

《郑氏宗谱》书影

周亡,弃官,隐吴之包山。子孙遂家焉。"后子孙繁衍。分支迁居前堡、钱坟头、瞳里、唐湾、昆山等地。马松年为洞山下马氏始祖。其约于南宋绍定元年(1228)迁居洞山之阳。

东河北徐 始祖为徐三奇。三奇祖籍浙江婺州金华兰溪桐山。其游学至苏州,因慕西山风光而定居。《包山徐氏宗谱》云:"包山徐氏谱以乐静处士讳三奇者为始祖,于宋祥符间由浙之兰溪徙太湖西洞庭淀紫山之阳。"

梧巷凤氏 始祖凤韬,号福清。凤韬原任北宋汴京马步军副统制。北宋靖康元年(1126),金兵大举进犯汴梁,凤韬奉命随童贯出城御敌,兵败黎阳渡,被贬为西山甪头巡检司,镇守太湖一角。凤韬任职后,尽心尽责,为太湖地区的安定作出了较大的贡献。其希望因此能回到汴京。但闻高宗信任黄潜善、王伯彦,屈志求安,以致李纲远窜,宗泽愤死,遂识诏还无望,故定居于包山。《凤氏祠堂重修记》载:"我始祖用汴梁马步军副统制谪官浙东道用头寨巡检。南行三十里所,有山斗入湖,曰'石公'。我祖尝纵骑登临,顾而乐甚……卜兹山之下居焉。"凤氏一族主要生活于石公梧巷村。

金铎屠氏　祖籍河南开封市尉氏县敦仁里。建炎三年(1129),南宋初内阁学士屠挺(百年公)扈从高宗,定居于太湖之滨的无锡泰伯乡。二传至曾孙屠元亮(太乙公)携家徙居西山金铎村,成为屠氏迁西山始祖。子孙繁衍后,分为湖广支、常州支、陕西支、西山屠坞支等。屠坞支后成为西山屠氏大宗。

后堡蒋氏　始祖为蒋逸民。宋建炎初年,靖康之变,蒋逸民随驾南渡,爱洞庭西山之幽居,遂定居于后堡里。《包山后堡蒋氏宗谱序》云:"后堡蒋氏系出宋处士闲之后,号逸民公,建炎中避兵南徙,爱包山境地幽僻,遂奠,世居后堡里。"

西山俞氏　始祖为俞琰。俞琰,字玉吾,号全阳子、林屋山人、石涧道人。先世河南开封。《林屋民风》载:"建炎中南渡,始家洞庭包山。""琰雄迈博闻,过目成诵。宝祐间以词赋称。"元代初,被朝廷推荐为温州路学录,俞琰不愿为官,隐居西山小埠里著书。有《周易集说》《易图纂要》《易外别传》《释疑》等著作。《太湖备考》载,俞氏为吴中世儒,居包山,后迁吴城之南园,号南园俞氏。俞琰孙俞贞木为明代官吏,清廉为楷。今小埠里无俞氏一脉,留子嗣于秉场村俞家渡、蒋东村俞东等地。

后埠蒋氏 原籍江苏宜兴。迁居后堡始祖为蒋又村。宋末理宗时期，北宋御史蒋堂八世孙蒋又村因时局动荡，故"择宽间之野、寂寞之滨隐遁自全，于是渡太湖览洞庭胜迹，抵梅梁里，曰此可矣"。

圻村王氏 始祖为太原王祐五世孙太祝王直臣。《圻村王氏宗祠碑记》云："晋公五世孙太祝直臣自魏迁吴，是为圻村王氏始祖。"迁居时间约为南宋初年。

西蔡蔡氏 始祖为南渡秘书公蔡源之长子蔡维孟。《洞庭蔡氏七六公大宗支谱》云："蔡源卒，其子太伯（维孟）闻吴中洞庭为名山，图卜地以葬父，因来游览，消夏湾山水特胜，遂买宅居之。自号洞庭遗逸。"迁居时间约为宋绍兴十二年（1142）。"太伯奉母太夫人赵氏居洞庭之消夏湾。"

东蔡蔡氏 始祖为南渡秘书公蔡源次子继孟。清钱塘袁枚《重辑东蔡宗谱序》云："以子维孟居洞庭西里者，为西蔡；次继孟居洞庭东里者，为东蔡。"

镇夏沈氏 原籍浙江东阳，卜居镇夏始祖为沈仲嘉。迁居西山时间为南宋隆兴间。《洞庭沈氏宗谱》云："宋隆兴间，仲嘉公览洞庭山水明秀，兵戈鲜及，遂卜居镇下里而奠居焉。公博群书，耽泉石构亭于林屋之傍，名沈氏园亭。离亭数武，有吴夫人墓，即迁山始祖母墓茔也。"沈仲嘉"虽侨寓洞庭，仍归老于浙西"。其子宣教公讳钦，仕宋为西蜀成都校官，仰承父志，"实始卜筑定居，是为迁山始祖"。沈氏一脉以镇夏为宗，沈钦为迁山始祖。子嗣后分汇上、东阳汇头、甪里等支。

明月湾吴氏 始祖为吴挺。吴挺为南宋名将吴璘之子。

蔡源像

南宋开禧年间,其"闻具区境幽地僻,遂渡太湖至明月湾以居"。至明月湾后,更名吴咸,为明月湾吴氏始祖。

甪里曹氏 始祖为曹墠。《西山镇志》载云:"甪里曹氏是南宋抗蒙(元)名将曹友闻将军的嫡系后裔。曹友闻(字允权,1189—1236),南宋进士,初任绵竹尉、天水教授(教谕)。精于武艺,性格刚烈忠贞。"宋绍定三年(1230),曹友闻弃文从戎,组织义军抗击蒙兵入侵,英勇善战,使蒙兵闻风丧胆,称为"矮曹遍身胆"。端平三年(1236),

曹友闻奉调镇守阳平关。蒙兵二十万之众侵袭，曹友闻虽力战，杀敌无数，终因寡不敌众，壮烈殉国。其子曹墀因父功赐为承务郎。曹墀"泣不受命，求寻隐田园，经郑清之（宰相）指引，于宋嘉熙三年（1239）奉母隐居于太湖包山甪里（今曹家底）"。曹墀为迁居西山甪里始祖。

秦家堡秦氏 始祖为秦宗迈。迁居时间约为南宋绍定至嘉熙年间。秦宗迈爱洞庭山水之胜，遂建别墅于消夏湾安仁乡，卒葬缥缈峰下。其长子秦逊守墓定居于此，更名为秦家堡。

堂里徐氏 原籍衢州西安，始祖为宋平江府太守徐嘉之子徐大本。《堂里徐氏家谱》的《平江公传》载，徐嘉任太守期间，常游太湖，爱西山山水之风景，"爱赏不忍释"。其继配毛氏去世后，"遂卜兆于西山之堂里"，墓开两穴。以"右圹葬毛夫人，而虚其左圹，为己寿域，命子大和、大本曰：异日必葬我于是"。徐嘉去世后，长子大和遵照父亲的遗命将其葬于堂里毛夫人旁。因次子大本为毛夫人所生，遵兄命率领家人守墓而居于堂里。

明月湾邓氏 迁居西山绮里始祖为宋官右正言邓肃，迁山时间在宋南渡后。《邓氏宗谱》十八世孙邓宗洵在《自序》云："考其先，系出南阳，至宋官右正言讳肃公，扈从高宗南渡始卜居洞庭之绮里。"至六世，洞绮公迁移至明月湾，为明月湾始祖。

煦巷徐氏 南迁始祖为宋徽宗朝主战派、翰林院侍讲学士徐素行。迁居煦巷始祖为素行子体乾、体坤。《徐氏家谱》载："我始迁祖讳素行，以八行举人太学赐进士及第，擢翰林院侍讲学士。时权悻用事，与论政不合，求祚外不允。

建炎南渡从驾至杭，竟愤懑成疾，卒于官。公子伯一、伯二两公皆知名士，见世事不可为，遂避迹于吴洞庭西山之可盘湾里，而即葬翰林公于其里之后焉。""其子体乾、体坤始侨山之可盘里煦巷，继因卜葬公于屏风坞之阳，遂奠居焉。"

南徐徐氏 始祖为北宋太学公徐揆长子徐元吉。《洞庭徐氏宗谱》云："汴河公卒，太学长子文中公慕西洞庭岩壑幽秀，始定居绿石山之麓。后人不忘祖宗南渡之意，遂名其地为南徐里。"

徐巷徐氏 始祖为宋淳祐间国子徐正之子徐圻（平江学录）。《消夏湾徐氏重辑宗谱序》云："余按谱，宋淳祐间，国子正，字澄之，子圻为平江学录始迁洞庭者，为一世祖。迄今十九世，子姓繁衍，散居吴楚，支分条列，皆祖正字以下。"

东村徐氏 始祖为徐万一。《东园徐氏祠堂记》云："而徐氏世居其地，其先出自宋靖康间讳棋者，自大梁迁吴之光福市，号汴河公。汴河公之第三子讳揆，为太学斋长，当青城之难，上书请帝还宫，殉节以死，赠宣教郎，以官其后。其事具载《宋史》，列朝崇祀。六传至万一公，以宝祐二年（1254）迁于东园，是为东园始祖。"

消夏湾周氏 始祖为周稼田。清《消夏湾周氏重辑宗谱》云："周氏旧谱系出宋濂溪公后，递传至稼田公，由道州营县寓于汴梁，扈从高宗跸南渡，爱洞庭山水之胜，占籍于消夏湾。子孙日益繁。"

消夏湾陆氏 始祖为陆伦。嘉庆《包山消夏湾陆氏支谱序》云："陆氏之先，系出齐宣王少子通，封于古陆终乡，因以为姓。六传至吴县令烈，迁豫章都尉。吴民思其惠，

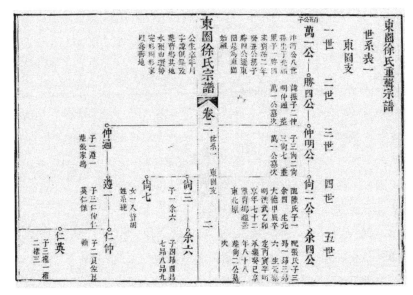

东园徐氏世系图表一

卒后,迎葬于吴之胥屏亭。子孙遂家于吴。历汉魏晋唐簪缨不绝,英豪辈出。南之际,有讳伦者,自无锡迁居洞庭西山之消夏湾,遂为消夏湾一支。"消夏湾陆氏一脉人数不多,大多已经移居他处。

秉常黄氏　原籍江夏,迁西山始祖为东汉魏郡太守黄香二十九世孙黄明善。《梁溪黄氏宗谱》云:"宋著作郎明经太学博士茂昭公讳明善,当高宗时扈驾南渡,公以时事孔艰,遂高尚不仕,卜隐洞庭之西山,是为迁吴始祖。"明代蔡羽《秉常支始祖维厚公家传》云:"公讳铠,字维厚,号东铭,姓黄氏,东汉魏郡太守黄香三十六孙。先世居闽之邵武,至宋著作佐郎明善始迁居西洞庭山之黄家坞。世德相承。而至处士元泰复自黄家坞徙居山之秉常里。"

横山罗氏 始祖为罗钦。《洞庭横山北湾罗氏谱序》云："我罗氏自宋高宗南渡卜居横山北湾,子孙繁衍,代有传人,一世祖隐君公讳钦,是为入山始祖。"

慈里苏氏 始祖为苏轼八世孙苏止华。明叶初春《苏氏家乘序》云："咸淳中,有止华公者,天性淳朴,常苦喧冗,遂携妻子来洞庭而卜居于慈湾之西,治圃墅为恒产,岁入其利,以资生。勉子孙以孝悌睦闾里,以和洽接朋友,以谦恭□□□,由是名副其实,为西山之良族、人品之优等也。是则慈湾苏氏之始祖焉。"

涵村陆氏 源出汉高帝吴县县令陆烈之后裔,始祖为益之公陆询。清《陆氏世谱》云："益之公讳询者,始徙包山之北,曰大陆里,又曰涵村。盖询为包山之始祖。"迁山时间约于宋末。涵村陆氏也有吹鼓手、轿夫等人随主姓陆。《陆氏世谱》中《删斥旧役冒入宗谱约言》云："今吾旧谱之首载明吾族向有轿役、吹手人等随主姓陆,子孙毋许将谱私鬻,查出究处云云……查此役由在元纪吾梦麒公为水军万户所有。轿役、鼓手役使人等因久随班,准予姓陆。仆随主姓,举世颇多。唯恐年远后裔与联姻娅,岂即许之联谱……居于里之王家场大街□陆姓者,先代轿役、厨司之后;居于里之孙坞陆姓者,先代鼓手之后裔也。"承袭万户陆智安有《书嘱》云："父裕甫嘱汝等子侄知之,因我曾祖避居西洞庭山之北地,名涵村。喜其山水,故随居焉。尔等亦遵志,子孙甚可家居。三世之墓宜春秋祭扫,邻居亦宜周恤。伯祖为万户,兹我袭爵,叨蒙圣恩,祖宗庇荫,宦名世世不替。虽有轿役、鼓手役使人等,亦宜宽恕,听其自居田地山园,固守习耕读为本,仕宦随其命也。特嘱此。"

南湾朱氏 始祖为朱昊，字千一。乾隆版《朱氏家谱》载："溯厥由来，先世居江南徽州，自宋高宗南渡，始祖千一公涉居苏州吴县西洞庭山三十五都八图南湾堡包境明王土地处。"

后埠费氏 源出江夏县费祎后裔。《费氏先德录》载，南宋建炎间迁吴郡，元季一支迁西洞庭之梅梁里（即今后埠）。始迁祖无考。

东湾严氏 源出湖南，系为楚庄王之后裔，因避帝讳改为严氏。宋南渡后，严氏随驾于临安。迁居东湾始祖为宋征士严彦琼，为避"元人纷扰，隐居西洞庭山之新安里，遂世家焉"。至明朝中叶，东湾严氏已繁衍成大族。明万历初，严铎任山东东昌府通判。清道光初年建祠，定名"富春堂"（意在不忘原籍，而富字无点，又含富贵无顶之意）。正德己卯（1519）翰林院待诏文徵明，正德乙亥（1515）中秋赐进士、通议大夫、吏部左侍郎兼翰林院学士同修国史徐缙分别为严氏宗谱撰《重修族谱序》和《严氏谱序》。

包山戚氏 源出楚邱，为宋著名学者戚同文之后裔。迁居西山始祖为戚敬元。《包山戚氏宗谱》云："始祖绣，字嘉言，仕宋为秘书郎，系西洞庭马村之鼻祖。终于汴梁，葬于西门外。子一，讳朝，字廷玉。""一世祖廷玉，因高宗南渡扈从至临安，复由临安而至金阊外酒坊落业。追三世祖敬元由金阊迁西洞庭山，因家焉。终葬马石山麓。"至七世，龙源公居中桥，龙泉公居后埠，是为二支支祖。龙山公乃为马村一支之祖。

东河朱氏　始祖敬源。李根源《吴郡西山访古记》中录《朱氏宗谱序》云："吴邑包山，风气淳朴，而藏阳号朱氏，尤推名族……按其先，明初讳敬源，字上先公，原籍常熟邑。洪武间，迁居包山。""越七传，讳应麟玉如公，文学彪炳，修葺家乘。"可见朱氏是有家谱的，惜笔者没有见到。

东村钱氏　始祖钱都学。迁居时间约为明代中期。《钱氏家谱》载，光远公支孟谦公派（西洞庭东村）二十一世，徙居西洞庭东村，配金氏，子二：敬正、敬三。

圻村谢氏　始祖谢振远。迁居时间约于明朝正德年间。圻村谢雁忠的叔叔家曾藏有一碑，记云："振远公，陵川令，任满，携眷合屋，迁西山……"惜碑今不知踪影。

横山韩氏　分为两支，一支为抗金名将韩世忠后裔，一支为北宋宰相魏国公韩琦之后裔。韩世忠被削兵权后，心灰意冷，不愿居住临安而决定移居苏州。高宗便赐庙（木渎灵岩禅寺）、赐宅（沧浪亭园宅）于他。韩世忠去世后葬于木渎灵岩山西麓。子孙守墓。宋末，为避元兵，子孙便携家庙碑至横山隐居（具体姓名不详）。元朝末，韩琦裔孙韩轼（字浦云），因避乱迁居横山。因两支同为一朝显宦之后，遂叙宗为同族，同祀一祠。

横山孙氏　始祖为孙尚真。孙尚真系孙武子第六十二世孙。孙尚真"常游太湖，爱甲山山水之胜，由吴江六都安口田迁居山之中湾"，为横山北湾迁居始祖。《甲山北湾孙氏宗谱》载：孙尚真孙孙允宗于明宣德年间入赘山之北湾罗氏。子孙尊为甲山北湾始祖。

劳家桥劳氏　始祖为劳福九。《洞庭劳氏支谱序》云：

"洞庭劳氏系出武阳，自尚书右丞卨从临安南宋，始居武林，迨后元末政衰，兵戎蜂起。福九公知时事将变，遂隐于吴之西洞庭山。"

夏泾金氏 始祖为金极。元朝时，其以河工功，任提举使第一提干。元末战乱。《夏泾金氏宗谱》载："兵戈扰攘，庐墓灰劫，父兄散匿，仓促遁入洞庭包山。买邻择处，卜居夏泾里。"

涵头上张氏 始祖为张凤枝。《西山镇志》载：西山张氏始居于涵村（涵头上），据张镛家谱跋，迁山始祖为张凤枝，于元大德年间避乱来西山定居。

可盘湾李氏 源出于南宋工部尚书、平江知府李弥大之后裔。李弥大于南宋绍兴二年（1132）弃官隐居林屋洞旁，筑道隐园，自号无碍居士。李弥大四世孙李肇一于元至正年间迁至西山可盘湾（今山东村一带）。李肇一为迁居始祖。李肇一后裔分迁植里、阴山等地。

岭东叶氏 始祖为叶梦得十五世孙荣四公。迁居时间约为元末。宋南渡，叶梦得扈从高宗，后辞官居湖州。建炎四年（1130）金兵南侵，遂避居洞庭东山。叶氏后裔繁衍，至明初已经衍生为十大支派。其中一支即为岭东荣四公，其裔孙叶初春为明末名臣。

东村余氏 始祖余章标。迁居时间约于清代后期。章标生一子：余志恢。

阴山顾氏 始祖顾琮，为三国时期顾雍四十世孙。迁居时间约为宋南渡后。顾氏经商致富，买下阴山一半产业，里人有"顾半山"之称。

史料证明，西山姓氏始于东周春秋吴越时代，秦汉后有隐士居住传下后裔，三国后岛上居民已经明显增多。宋南渡后望族后裔明显增多，他们给西山带来了厚实的经济基础，村落才渐渐有了一定的规模。明清时，其子嗣走出西山，经商于湖广等地，致富后的他们，部分人回乡建起了高大富丽的住宅、祠堂，并修筑了村间的道路、桥梁等，村落才有了恢宏的格局。

西山四村落探说

西山有四个著名村落：东村、甪里、绮里、慈里。相传，这四个村落为"商山四皓"所传。"四皓"分别叫唐秉、周术、吴实、崔广。东村，由东园公唐秉所传。甪里，由甪里先生周术所传。绮里，由绮里季吴实所传。慈里，由夏黄公崔广所传。

"四皓"之说，《史记索隐》《史记正义》《吴郡志》等都有载。清《林屋民风》亦说，甪里在洞庭山村，汉甪里先生所居。绮里在上真宫西四里，绮里季隐于此。东村在凤凰山南一里，东园公隐于此，常居村之园中，故以自号。慈里在绮里西一里，夏黄公隐于此，又名万花谷。

"商山四皓"为秦朝的四个博士，知识渊博，极有声望，因不满秦朝的暴政而退隐陕西商山。这四个人后来因帮助汉太子刘盈得罪了戚妃，远走高飞，来到了太湖中的西山岛上。有人问：华夏可避难的地方很多，他们为什么会来到西山呢？清翁澍《具区志》告诉我们，汉甪里先生，"本是洞庭山人"。甪里村是周术的故乡。

四人得罪了戚妃后，处处受其刁难，并随时有生命之忧。四人决定悄然远走避祸。去哪里呢？笔者认为，有一种可能，周术想起了他的故乡——太湖洞庭山，于是决定回到自己的故乡去。周术告诉同伴，太湖洞庭山十分偏僻，土地肥沃，环境清幽，是个理想的躲隐之地。三人听了，觉得不错，于是一起来到了这个太湖之岛。

到了太湖西山岛上，甪里先生自然回到故地——禄里村。禄里村因甪里先生回来了，名人效应，就渐渐易名为甪里村了。唐秉、吴实、崔广三人各自寻找所爱之地。唐秉相中了西山西北端濒临太湖的村落，此处南北为山，东西通湖，夹道宽敞，环境十分幽静。于是，他就在这儿安顿了下来。

吴实看中了岛屿西南端的一个湖湾。那儿三面环山，南则面水。山脉如鹰翅，湖光连长兴，背山面湖，实是个隐居的好地方。于是，他安定了下来。

崔广是个炼丹的高手，他喜欢炼丹治病。唐秉定居后，崔广与其隔山而居。也就在今天我们所说的夏泾。那时的夏泾山脚下一片浅滩洼地。泾水环绕，柳条垂岸，野草摇曳，荷花高洁，水鸟栖居。夏黄公隐居于此，后人因称"夏泾"。清《夏泾金氏宗谱·太一公家传》告诉我们，洞庭包山之阴，有四皓故址，曰夏泾。

此后，夏黄公又移居慈里。元张雨有《黄公泉诗》云："黄公炼药处，遗井兹丘上。"明郑坤《洞庭记》说，慈里有慈东慈西之分，以慈溪为界，东为夏黄公所居处开凿之地，即谓黄公泉，泉味极佳。《太湖备考》载，黄公泉，在西山徐胜坞。汉夏黄公尝隐于此。今井傍多夏姓，或云其后也。那么，夏黄公隐居地慈里之名从何而来？史书没有说。相传夏黄公炼丹，为人治病，慈祥温和，令人不忘。后人民风淳朴，心地善良、慈爱于人，此地被誉为"慈里"。

综上所述，笔者大胆推测，夏泾是夏黄公最早的传名之地。当年夏黄公与东园公背山而居，游玩西山时又相中了今慈里这个地方。其迁居慈里后，不以姓名传村名，也不以其号留地名，何也？正因其已留下"夏泾"之地名。慈里起先只是他种植草药、炼仙丹的"工厂"之地，后续为便于"工作"，就迁了过去。若此，夏黄公传名应为两地——夏泾、慈里。慈里是他终老的地方。北宋元丰间，慈里有个巨富叫夏元富，相传就是夏黄公的后人。

关于甪里先生，《史记索隐》认为是河内轵人。宋《吴郡志》认为，前汉甪里先生，是吴人。清翁澍《具区志》说甪里先生是洞庭山禄里村人。明万历丙辰（1616）《周氏义松之碑记》云：禄里之金家岭，其下则周氏宅，里有周氏也，说是自甪里先生始，虽然没有核实，然而聚族繁衍，年代已经久远了。清钱大昕《十驾齐养新录》对《史记索

东园公祠

華社羅賓山四皓圖 丙辰冬仲癸丑署檢

東園生筆

商山四皓图

隐》质疑说，难道周术一定居于河内，而不居吴乎？笔者猜测，周术祖籍应是洞庭山，他或许后来在外发展，或随其父外出谋生，在河内长大。长成后，为秦朝效力，成为博士。又因避乱而隐居商山。受刘盈邀请后，与唐秉、吴实、崔广一起出山辅助，结果遭到戚妃迫害，危难中逃生，便携三人回到了故乡。

四人早已作古，但他们在西山不仅留下了村落之名，也留下了一些遗迹。甪里，留下了甪庵遗址和周家上头村落；绮里，留下了马蹄桥的传说建起四皓祠（今祠已毁）；慈里，留下了黄公井；东村，明清人为有个念想，造起了栖贤巷门和东园公祠。

洞庭西山诗文里的茶果历史

西山历代诗文典籍可谓汗牛充栋。读读西山的诗文，我们不仅可以读出西山的风物人情，还可以读出其悠久的茶果历史。

春秋吴越时期，吴王来西山消夏是否有过品茶的雅趣，我们无从了解。但至东汉时期，西山已经有茶可品了，不过那时的茶，还不叫碧螺春，而是称“小春茶”。汉延平元年（106），道家墨佐君来到了水月坞内设坛求仙，在他设坛的百步开外有个地名叫“吃摘”，产的茶叶最好。谚云：“墨君坛畔水，吃摘小春茶。”可见，当时西山岛上已经有茶可品，而吃摘那个地方的茶为“最佳”。

姑蘇志虎邱寺西產茶朱安雅云今二山門西偏本
名茶嶺
陳眉公太平清話洞庭中西盡處有仙人茶乃樹上
之苔蘚也四皓采以爲茶
圖經續記洞庭小青山塢出茶唐宋入貢下有水月
寺因名水月茶
古今名山記支硎山茶塢多種茶
隨見錄洞庭山有茶微似岕而細味甚甘香俗呼爲
嚇殺人產碧螺峯者尤佳名碧螺春
松江府志佘山在府城北舊有佘姓者修道於此故

《续茶经》书影

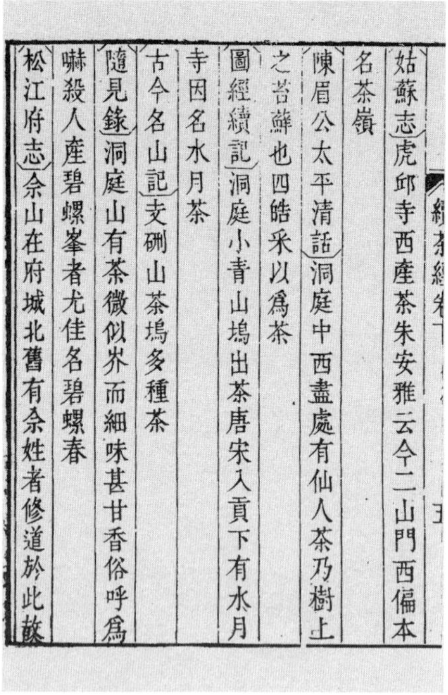

及至南北朝，西山已出茶、柑橘等物产，而茶已被列为贡品了。清邓旭告诉我们，水月寺产茶极佳，萧梁时曾入贡，与无碍泉并胜。

隋唐时，西山的茶

已经有一定的种植规模。茶圣陆羽与诗人刘长卿在朋友的介绍下来西山考察茶事。他们在包山寺主僧维谅和尚的陪同下，到水月坞内墨佐君坛前采茶、品茶。茶在民间开始有了推广。

宋代时，西山的茶，叫小青茶，也叫水月茶。小青茶，因产小青坞内而得名；水月茶，因产水月寺旁而得名。宋苏子美有诗云："无碍泉香夸绝品，小青茶熟占魁元。"北宋朱长文《吴郡图经续记》云："洞庭山出美茶，旧入为贡……近年山僧尤善制茗，谓之'水月茶'，以院为名也，颇为吴人所贵。"《林屋民风》载："山产茶最佳，谓之水月茶。"水月坞内有泉，其泉水泓澄莹澈，冬夏不涸，酌之甘凉，异于他泉。但没有名字。绍兴二年（1132）七月九日，无碍居士李似矩、静养居士胡茂老于此煮泉品茗为乐，并以无碍居士号命泉曰：无碍泉。

古籍诗文告诉我们，水月坞里的茶起源于汉代，品质优，僧人是最早的制茶人之一。其时，品茶的人是有一定社会地位的人，有一定文化知识的人。大多百姓或许还没有学会制茶、品茶。

宋苏子美说，吴中湖水中有陆地，种植着茶，可以用来消夏。至明代，西山人张源对茶已经有了很深的研究，出了《茶录》一书。明末清初，水月茶因其清香散发，而被称为"吓煞人香"。清陆廷灿的《续茶经》说，洞庭山有茶，微似岕而细，味甚甘香，俗呼"吓煞人香"。康熙帝南巡至苏，知府奉茶而赐名为"碧螺春"。清龚自珍曾经说过：茶以洞庭山之碧螺春为天下第一，古人未知也。近人始知龙井，亦未知碧螺春也。清嘉庆间侍讲学士、著名书法家梁同书《碧螺春》诗云："此茶自昔知者稀，精气不关火焙足。"可见在清嘉庆时期，除了少数人知道碧螺春的名气，好多人还不知道它。

　　碧螺春茶真正声誉隆起应该在晚清宣统之后。宣统二年（1910），碧螺春在南洋劝业会上获得了优等奖。其后又屡次获奖。1915年，在首届巴拿马太平洋万国博览会上获得金奖。1918年，在民国政府工商部举办的中华国货展览会上获一等奖。1954年，周恩来总理参加日内瓦会议，带去的碧螺春赢得与会者的啧啧称赞。1959年，被评为中国十大名茶之一。屡次评比，均载誉而归，使碧螺春在国内有了很高的声誉地位，商人们开始互相传颂、征购、销售。至此，碧螺春之名才真正走出了洞庭山，走进了世人的眼里，走进了寻常百姓家的品质生活里。2024年5月，洞庭山碧螺春位列"2024中国茶区域公用品牌价值榜"第五名，并入选本年"国茶区域公用品牌传播力"前十名的榜单。

　　西山花果虽然与茶为一个时期内的产物，但相对名气小了点。

　　从北魏郦道元《水经注》中，我们了解到当时太湖中的西山已有居民数百家，物产以弓弩材为主。及至隋唐，柑橘已为常产，橘树种植多的人家有千树。这种情况在《宋桂岩马公墓碑铭》中也能找到依据。唐朝中期，西山的橘柚已经广为种植。其不仅作为贡品，也作为朋友间赠送的珍贵礼品。唐代诗人白居易、皮日休、韦应物、顾况、张彤、陆龟蒙、释皎然等都有写橘的诗文。韦应物《赠故人重九日求橘》："怜君病后思新橘，始摘犹酸色未黄。书后欲题三百颗，洞庭须待满园霜。"白居易有"洞庭贡橘拣宜精，太守勤王请自行"的诗句。释皎然有"洞庭仙山但生橘，不生凡木与梨栗"之句。

文人的诗句里，写出了柑橘的地位以及诗人们对其喜爱的饱满情感。

到了宋代，蚕桑、栀子、柑橘为洞庭西山的主要物产了。宋苏舜钦《苏州洞庭山水月禅院记》告诉我们，洞庭西山民风淳朴，皆以桑栀柑柚为常产。

明代时，西山花果的主打品种已经有梅、橘、樱、橙、杨梅、枇杷、桃、梨等十余个品种了。村落花果种植各有特色。袁宏道《西洞庭》论及花果："涵村梅、后堡樱、东村橘、天王寺橙，杨梅早熟，枇杷再接，桃有半斤之号，梨著大柄之称。此花果之胜也。"在这些花果中，洞庭红橘还是排在首要的位置。李时珍有橘非洞庭不香的评述。王鏊有"洞庭柑橘名天下"之说。凌濛初《初刻拍案惊奇》中"转运汉巧遇洞庭红"的故事，更是让洞庭红橘登上了高高的位置。且看他对洞庭红的描述：洞庭有一样橘树绝与他（福建橘）相同。红如喷火，巨若悬星。皮未皱，尚有余酸；霜未降，不可多得。那个转运汉叫文若虚，他原本买了一篓红橘想在船上解解渴的，谁料到了吉零国这个地方，竟然让他发了一笔横财。那天，旁人都去做生意了，留他在船上，就将那筐红橘叫水手搬到了船舱板上，看看有没有烂掉。摆得满船红艳艳的橘子，远远望来，就像万点火光，一天星斗。岸上人见了，就纷纷来询问什么东西。文若虚也不回答，自管自拿了一颗，剥开就吃。众人一见，原来是个吃的。既然是吃的，就来问价。文若虚不愿搭理他们。船上的人开口了，说一钱一颗。那问的人摸出一个银钱来道:"买一个尝尝。"文若虚就挑了一个极大红得可爱的递给了他。那人接手后立即剥了开来,一股香气扑鼻而来。连旁的人闻着齐声喝彩。及至后来,那个买橘的人前后买了五六十颗,文若虚得了一百五六十个水草银钱。最后那人连竹篓也买了,又丢了一个钱,把篓拴在马上,笑吟吟地一鞭去了。

清代,西山各地种植的花果又有变化。洞庭山人有桑麻之业,林泽之饶,俗善植稼穑,善艺花果,以梅、杏、桃、李、樱桃、枇杷、杨梅、橙、橘、花红、梨、栗等数种最胜。村落种植也略有不同。梅盛于涵村、后堡、镇下,樱桃、桃、李盛于陈巷、劳村,梨、橘、橙盛于甪头。而慈里则植不一种,号为万花谷,方甚盛时,数十里内紫绿万状,弥望无极。花果之木不可悉数,苟宜于土,无不种植。桑麻掩映,桃李成林,卢橘秋登,杨梅夏熟,园收银杏,家有黄柑,梨树成云,梅花似雪。甪里植梨规模较大,因而有了"甪里梨云"的景观。

杨梅

枇杷

清朝初，橘子价格较贵。《具区志》载："其土贵，凡栽橘可一树者值千钱或二三千，甚者至万钱。"柑橘的价格之贵，使百姓有积蓄，能过好日子，百姓就广为种植。但有时天公不作美，使百姓无法再去爱它。康熙二十二年（1683）、二十九年（1690）两年太湖水冻月余，柑全部冻死，没有遗种，仅存活了少数橘橙。于是洞庭山人多不肯复种。那时，蚕丝升值，于是，大家养蚕，土地改植桑树。丝绵之利，可以抵数亩的田租，所以农户爱护桑株，胜过爱护花果树。

民国时期，西山的花果以栗、橘、梅、桃、枇杷、银杏、柿、石榴等为主。养蚕业依然作为重要的经济来源之一。梨树种植已经渐渐退出舞台。枇杷种植在一些村落中有所发展，如秉场罗汉坞、秉汇葛家坞等地。最出名的是葛家坞内的荸荠种枇杷，其远销无锡、常州。罗汉坞内的青种枇杷数量还不多，世人知之者鲜。

中华人民共和国成立后，板栗、杨梅、橘、枇杷、桃、柿子等种植处于国内领先地位。在1960年的统计中，西山栽种板栗面积约1.33平方千米，在西山各种果树中种植面积最大。但板栗产量不高，价格较低，致使种植户逐年减少。杨梅树种植面积东西两山计有2.05平方千米。其中以西山为多，所以民间有"东山枇杷，西山杨梅"的说法。次为柑橘，主要分布在堂里乡。枇杷于西山还未普遍种植，1960年中国科学院南京中山植物园编写的《太湖洞庭山的果树》一书中说，西山则以南部的秉场、汇上（石公乡）为主，东北部的元山、前湾（东河乡）一隅为次，其他各地虽有栽培，但比较零星。

在我们的记忆里，20世纪60年代至90年代，西山主打的果树有杨梅、橘、桃、柿、梅、银杏等。包产到户之前，养蚕业依然为生产队的重要收入之一。1983年后，养蚕业处于低迷状态。西山果农们不再养蚕，桑地几乎全部改种为柑橘。20世纪70年代到90年代，柑橘、梅子、银杏种植最广、产量最多。其中梅与银杏曾红极一时。柑橘价格每50千克100余元，后来价格低至每50千克20—50元不等。青梅、银杏价格上升，于是果农立马改种梅树、银杏树。其时，青梅每50千克贵至近1000元；银杏每50千克贵至3700元，有"摇钱树"之称。一时西山广植银杏树、梅树。

市场决定果树的栽培面积。2000年后，西山的青梅、银杏出口数量大大减少，价格也渐渐降低，而青种枇杷、碧螺春茶需求量增大，价格攀升。果农开始砍橘伐桃锯栗，广种枇杷树和茶树。2003年，洞庭山碧螺春有了原产地保护法，茶价进一步上升。2023年，西山基本形成了以种植茶、枇杷、杨梅、梨子、黄李等为主体的经济林体系，也形成了区域性的花果林：秉常村植青种枇杷出名，樟坞植浪荡子杨梅出名，夏泾村植蓝莓出名，林屋洞景区以植梅树出名，瞳里村植梨树出名等。其他零星栽种桃、葡萄、猕猴桃、樱桃、枣、无花果、银杏、栗、橙、柿、石榴等。浪荡子杨梅每500克25—30元不等。青种枇杷每500克10—50元不等。碧螺春茶（明前茶）每500克600—2000元不等。价以人定，有渠道，善经营，会做人，卖价就高。普通百姓没有销售渠道，只能卖青叶或成品给经纪人。价以量定，量少则贵，量多则降。青叶高至每500克两三百元。价以日计，明前茶最贵，之后逐渐下跌。清明后，茶价下跌明显。青叶低至每500克

10元。炒青茶低至每500克两三百元。

  农业靠天收。2022年，夏旱冬冻。西山的茶树枝条长得矮，2023年春的茶芽率低下，茶叶量明显减少。枇杷花蕊受冻，幼果冻死较多，结果率又明显减低。于西山果农而言，是个歉收年。2024年，气候正常，茶叶、枇杷、杨梅等产量均增加。

西山十八寺及其他

元代陆友仁撰《吴中旧事》引用苏子美的话，说吴中水中间有小块陆地，种茶树，煮茶可以消夏；产莼、鲈、稻、蟹，足以适口。又多高僧隐君子，佛庙胜绝。家有园林，园中有珍花奇石、曲池、高台、鱼鸟。他流连忘返，遂终此不去。苏子美所述的佛庙于西山有"十八招提"。其寺以花木为底色，花木以寺为重笔，浓淡相宜。寺占幽谷，鸟栖林木，虫鸣泉流，花香流艳，禅意深深。明姚希孟《游洞庭诸刹记》后评述，西山诸寺虽然焕丽不足，而邃穆有余。

西山宗教之活动，南北朝宋齐之前以道教为主，著名的道教活动点有林屋洞、玄阳洞、马城宫、毛公坛、上真宫、天妃宫等。道教代表人物有刘根、葛洪、阴长生等。在林屋洞内曾挖出梁天鉴二年（503）记载二十名道士居洞生活的石碑。南朝梁武帝大兴佛教后，西山寺院大增，渐渐形成了道衰佛盛的局面。寺庙几乎遍及每个村落，著名的有十八寺，后人以二十字概括为顺口溜："发际文双王，东西上下方。花罗包水石，资福报忠长。"即法华寺、实际寺（实积寺）、文化寺、天王寺、候王寺、东湖寺、西湖寺、上方寺、下方寺、花山寺（大观音寺）、罗汉寺、包山寺、水月寺、石佛寺、资庆寺、福源寺、报忠寺、长寿寺。西山各寺多数毁于20世纪50—70年代。至1984年后，逐渐修缮、复建部分寺庙。其中，禹王庙、罗汉寺（童子面石雕像）、明月寺被列为市级文物保护单位。

敬佛碑

普济寺 又名文化寺,位于蒋东村禹期山下(前湾山)。传为三国时期东吴太子太傅阚泽舍宅而建。南宋庆元二年(1196),僧性源重建。明天启五年(1625)重修。寺中曾有申用懋作的重修碑记。李根源《吴郡西山访古记》云普济寺左厢建阚祠，无僧住持。殿庭渗漏，佛像在雨中。幸属石造，尚无大碍。寺前阚泽墓在稻田间。可见民国时期，该寺虽破，但尚存。20世纪60年代初，村人还依稀记得前后各有三间房。有三尊大石佛，栩栩如生。寺内住着一位和尚与一位盲人女居士。寺前有环龙桥，桥下有三个池潭，池水相通。其中间一池无论酷暑还是寒冬都会冒着热气，被村人称为奇事。寺毁灭于20世纪70年代采石业生产。今存清代俞樾题写、暴式昭镌刻之阚泽墓碑，移存于横山盘龙寺内。遗址已为石宕，剩下一片潭水。

报忠寺 位于后埠黄渎山脚下（今艳阳酒店东）。清《百城烟水》载，梁天监九年（510）建。黄渎开山。宋淳祐间，僧慧奏请今额。宝祐间，法嗣信公重建。秦嘉铨《和邵其人明府报忠寺作》："寺近金庭踞一丘，烟林岑寂似孤舟。荒寮香积无烧豕，漫叟行吟有浊篘。肃肃琴声依古磐，双双凫影傍闲鸥。蒹葭洄溯伊人永，好听讴吟动野洲。"20世纪50年代初，报忠寺有天王殿、观音殿、大雄宝殿、附房等。后渐渐被拆。1958年，被辟为养猪场。20世纪70年代彻底拆除，成为果林地。2023年，村民自发在原址上重建小庙，约40平方米。为村民烧香点。寺东北侧立一碑记，为"太湖西山国家地质公园元山景区·黄犊山向斜构造"。

包山寺 位于秉常村双塔头包山坞内。寺创于南朝宋永初年间。《吴郡志》载，包山禅院在吴县西南一百二十里，院有旧钟云，梁大同二年（536）置为福愿寺，天监中再葺。唐上元间改为包山禅寺，高宗赐名显庆寺。唐天宝六载（747），神皓隶僧籍于福愿寺，继而卓锡。唐会昌五年（845），武宗灭佛，包山寺元气大伤。北宋靖康元年（1126），

包山寺

高僧怀深卓锡包山寺。包山寺再度兴盛。宋代王铚在《包山禅院记略》中称,兹院自六朝之后为胜地,庇千僧。全盛时期有一千零四十八间之称。明永乐间,有呆庵禅师,结庐重建,又改包山寺。

顺治十年(1653),包山寺建大云堂;十七年(1660),顺治赐山晓和尚"敬佛"二字。从此,包山寺声誉大震,香火旺盛。继山晓高僧后,又有大休、闻达等大师住锡包山寺。

包山寺曾藏有一部方册本《大藏经》,明崇祯十二年(1639)包山寺僧人德幢前往杭州化缘,有佛教徒王懋官久闻包山寺为佛教圣地,而出资捐请。此经书为国内仅存的两部方册本《大藏经》之一。1970年4月,包山寺藏经楼面临拆除,根据地方政府意见,《大藏经》移交于南京博物院保存。

民国时期，寺内尚有宣德三年（1428）九月，翰林院五经博士兼修国使官、庐山陈继撰，征仕郎、中书舍人、吴郡顾谦书丹并篆额的《重建包山显庆寺碑记》以及清嘉庆四年（1799）时为敕授儒林郎、宜兴县分县事、霞漳陈作梅撰《显庆寺碑记》。包山寺僧人还为保护江苏古籍作出了贡献。抗战爆发，为防日寇掠夺古籍，江苏省立图书馆将三十四箱古籍善本及重要文卷运到包山寺，于满月阁砌复壁隐藏。时任住持的闻达上人虽受日寇威胁利诱，但他毫不动摇，终于将古籍完璧归赵。

唐宋明清历代文人均有歌咏包山寺诗作，诸如唐皮日休、陆龟蒙，宋范成大，明王世贞、王宠、俞贞木，清姚承绪、徐崧等。

包山寺毁于"文化大革命"，古碑无存。1995年春，经吴县市人民政府批示，同意重建包山寺院。1997年5月，首期工程主体建筑竣工落成，二期工程开工。包山寺现有占地面积5.3万平方米，建筑面积3500平方米。建有山门殿、天王殿、大雄宝殿、藏经楼、观音殿、普照宝塔、财神殿、大云堂、钟楼、客堂、鼓楼等。

福源寺 位于后堡村攒云岭南。梁大同二年（536），吴县令黄祯舍山园建。僧普国开山。隋大业间废。唐贞观中重建。宋绍兴间毁。庆元初，僧志宁修葺，里人劳氏施钱三十万。嘉定间僧慧通购置寺田，后经僧慧明募集，共置寺田八十余亩。宋王公振有《福源寺田记》。明洪武初，归并上方寺。明永乐间再修，万历初殿圮。万历八年（1580），吴县知县傅光宅为兴复该寺，免其赋税，使寺僧重回故地。

天启二年（1622），僧性天重建福愿寺。崇祯元年（1628），文震孟作《重兴福源寺记略》。清吴伟业有《福源寺》诗，云："千尺攒云岭，金银佛寺开。鹿仙吹笛过，龙女换珠来。泉绕谭经苑，松依说法台。萧梁留古树，风雨不凡材。"福源寺曾有罗汉松、铜钟、铁佛、石槛等宝物。

民国时，寺内天王殿废基上曾存明太子中允兼翰林院侍读、前国史修撰文震孟写的《重兴福源寺记略》碑文。明代内阁首辅申时行没有发达时尝读书寺中。显贵后，绘于此读书之图卷，一时间名人纷纷题咏。李根源访古时有记。另有宋古铜铸像一尊，高三尺余，被视为镇寺之宝。惜民国时已被僧人偷卖给日本人了。僧人虽受到严办，寺宝却流失海外了。

福源寺毁于20世纪五六十年代。古迹均无存。2022年9月，福源寺遗址上重建三圣殿、斋堂、寮房等，占地面积2000平方米，建筑面积约140平方米。住持为女尼灵智，俗名王华吉，金庭镇石公村张巷人。

水月寺 位于堂里水月坞内。因坞内云雾缭绕，池水如镜中花、水中月而得名。梁大同四年（538）建。隋大业六年（610）废。至唐光化中，僧志勤飞锡止此，爱其山水郁秀，仍于旧址构屋数百楹，栖衲三千指。迨天祐间，刺史曹珪改为明月禅院。越七世，迄大宋祥符初重敕今额。元季，遭兵燹，荡为莽墟，仅有五显灵观殿岿然独存。明宣德间，住持妙潭创建山门廊庑、大雄宝殿。未几，妙潭辞去，所司方举大璋珪禅师主之。璋珪来西山道经吴淞口，见一断碑露于江，仔细一看，依稀可见有"祝延水月"四字，于是载之归。水月寺在璋珪法师手上建四天王殿、丈室等，复还旧观。

寺内有无碍泉。唐宋明清文人均有记文与诗作，如唐白居易，宋苏舜钦、李弥大、汤思退，明谢晋，清姚希孟、秦嘉铨等。李根源《吴郡西山访古记》载其曾往观无碍泉及墨佐君坛，并谒妙潭、如珪两名僧塔、唐僧志勤塔及"祝延岁月"石刻。

寺毁于"文化大革命"时期。今"祝延岁月""无碍泉"之石刻碑均已无存。2006年，在原址上重建水月寺。寺内存明《水月禅寺中兴记》、清《重建水月禅寺大雄宝殿记》《水月寺大慈宝阁记》古碑三方，廊内置书法家严艺琳（西山东湾村人）新书刻《苏州洞庭山水禅院记》

水月寺

水月寺碑刻

碑。水月寺现有占地面积6666平方米，建筑面积3200平方米。

下方寺 位于东蔡村徐巷五峰岭下（今徐巷61号东北侧）。本名孤园寺，一名祇园寺。梁大同四年（538），散骑常侍吴猛舍宅建庙，内有五峰堂。寺在陈、隋间规模宏丽，传有五千多间，栖僧半千。唐初，有彻道师者脱俗于其间，宗风大振。宋咸淳间，僧名能、名辉、名门修。

唐宋明文人均有诗作。如唐皮日休、陆龟蒙，宋李居仁，明高启、周老南，清史若翁等。

寺毁于清代。民国时期存有山门。山门旁为善行堂，停放棺材。山门毁于"文化大革命"时期。今为果林一片，踪迹几无。

西湖寺 又名小西湖天台教寺，位于堂里劳村西湖山顶，即观音教院，俗称西湖寺。因山有一池，百余平方米，水清澈照人，名"海眼"，太湖波浪起，池中也起波浪，故称"小湖"。梁大同间达法师建。唐乾符间，有沉香观音像浮湖而来，西小湖迎得之。

宋末寺毁。元泰定间昌法师创观音殿。明永乐十四年（1416），僧惟寅重建，嘉靖间废。天启三年（1623）重建。清同治十年（1871）又修。

唐白居易，明蔡昇、徐祯卿、文徵明，清徐崧、张大纯均有诗作。

西湖寺毁于20世纪五六十年代。今遗址上建有平房四间，供奉观音菩萨等佛像，为村民烧香点。西湖小池还在，池旁有黄石，镌刻李根源题写的"海眼池"等字。

法华寺 位于东河社区金铎山岭。梁大同间永日禅师建。宋末废。明正统三年（1438）僧慧昙重建。明崇祯年间重修。清顺治十五年（1658）又修。李根源西山访古时，曾为寺题写"万筼精舍"四字，"以山中竹最盛，不止十万竿也"。法华寺有泉池，石刻"一箬泉""惠泉"等字。

金铎山摩崖石刻

明吴惠、谢晋、王鏊、范汭等均有诗作。王鏊题写的《重游法华寺碑》今在苏州大学博物馆。

寺毁于"文化大革命"时期。今泉池有二，仅存"惠泉"二字石刻。山岭遗址上村民新建数房，供奉观音菩萨等，为村民烧香点。上法华寺道间旁有黄石，可见李根源题写的"金铎山"三字。

石佛寺　曾有两座。其一，位于鼋头山（元山）；其二，位于缥缈村圻村大龙山（在苏州太湖牛仔风情度假村内）。鼋头山石佛寺所建年代无考。因石壁镌成三佛像而得名。宋《吴郡志》、清《具区志》均有载。鼋头山石佛寺毁于采石兴盛时期。

大龙山石佛寺始建于梁代，亦因石壁刻有石佛而得名。明成化间毁于火灾。明万历十三年（1585）里人进士叶初春重建。洞口存明代《重建石佛寺记碑》。寺毁于"文化大革命"时期。今存石佛像洞。2005年修复，并立有《重修石佛寺观音洞记碑》。

上方寺　位于西山秉汇村葛家坞北。唐会昌六年（846），僧道彻建。宋嘉泰间僧无证新之，易名上方教寺。

明正德间寺僧因逋粮渐散，殿门并圮。嘉靖二十九年（1550），知县宋仪望勘捐荒粮，寺僧复来。嘉靖三十八年（1559），僧惠雨募捐修缮。明末时，上方寺又败落。无足观。

清代时，上方寺重修。乾隆五十二年（1787），蔡九龄撰《重修上方寺记》，吴兴严其熤篆，枫江周昌杞书，胥门谭一夔刻碑，立于寺内。民国李根源访古西山时尚在。日寇侵华期间，上方寺遭遇过袭击。当年墙壁上留有枪眼洞。寺中东园处有一潭，潭中曾留下一颗炸弹。池潭清淤时，寺内一和尚挖到后好奇，用铁锤猛敲，结果弹响人亡。

天王禅寺后殿

上方寺为文人所重,宋释淮海有上方寺《置田畸记》,宋范成大,明谢晋、吴鼎芳,清邓旭等均有诗作。

寺毁于20世纪60年代,碑亦无存,仅存础石、古井、古潭等遗迹。百姓称此地为"上方山"。古井深十余米,井水清洌,大旱年间也不干枯。井处为果农蔡国平家承包地。20世纪90年代尚见井上有青石制井圈,刻有"真源井",今无。东西两地,称"东园""西园"。东园有一潭,西园有二潭,均有泉源,旱期不枯,为村民浇水用。

天王寺 位于东河社区天王坞内。唐大中元年(847)建。有僧惠信结庵自居,凿井得铜天王像。苏州刺史庐简求上奏宣宗皇帝,赐额为"天王院"。南宋初,毁于兵乱。淳熙间僧妙成重开山鼎建。明洪武初,寺复毁。宣德间僧一月募捐建法堂及栖禅之室。正统八年(1443)德昕禅师主其席，首建大雄宝殿等。至明末，天王寺松林无际，横被数亩。而近寺数十株，鳞叠羽缀。明高启、王鏊、徐缙均有诗作。

民国时期，寺内还存有宋淳熙十六年（1189）四月僧妙增所立的《护国天王禅院古记碑》，明正统八年（1443）四月初文林郎、大理寺左评事、吴郡张永轸撰并篆额的《重开山天王禅寺记碑》，天顺二年（1458）二月嘉议大夫、礼部右侍郎、前翰林院侍读学士金问撰写的《重建天王禅寺之记碑》，天顺七年（1463）南州徐庸撰写的《天王寺昕上人寿藏铭碑》，以及万历十六年（1588）仲夏，赐进士第、奉议大夫、同知苏州府事、嘉禾沈尧中撰并书，住山沙门可明立的《天王寺碑》。李根源西山访古时亦有记录。

惜寺大殿等毁于20世纪五六十年代，碑刻均无。今仅存后殿及古井、古银杏树、石阶等遗迹。

长寿寺　位于甪里村沙皮上16号。唐天祐二年（905），苏州刺史曹珪奏建。五代清泰间，僧明彦重建。明俞贞木等有诗作。

明末时，寺已颓。康熙年间，成为居民乡约所，并被甪头派出机构营兵所据。晚清时，仅存几间破屋。

20世纪50年代初，长寿寺附房及地基分配给徐优良家居住至今。

花山寺　位于慈里村东北，即观音院。宋元嘉二年（425），会稽内使张裕奏建于胥湖之北。隋大业三年（607）废。唐开成四年（839）重立。寺僧契元移至今慈里。里人徐世业舍山建寺。咸通间赐额。会昌末废。宋建炎初

花山寺王鏊题碑

重建。

宋释怀深有《圆通殿记》。宋明诗人均有诗或游记。如宋胡松年、葛胜仲、范成大，明徐章、王鏊、文徵明等。

明王鏊碑刻云："洞庭诸寺之景，华山最胜，游者至暮而不能归也。正德四年十二月五日，柱国少傅王鏊题。时同游者七人，劳麟、蔡羽、蒋诏、徐坤、蔡翥、蔡习及余。主僧良珙立石，大鑫元山李伯文刊。"

花山寺毁于20世纪五六十年代。今存遗址，为一片果林。林间存寺院昔日黄石墙体、泉潭、柱础石数块等。2021年，村民在寺基上造烧香点一间。王鏊、文徵明游刻碑幸存。2023年，王鏊题碑移于东村徐氏宗祠内，文徵明题碑移于水月坞碑廊内。

东湖寺 位于东湾新安岭。宋咸淳二年（1266）建，称东湖庵。佛殿前亦有小池，与西小湖相望，故名。明初归并翠峰寺。嘉靖间僧涵虚重建。至清康熙朝初，寺已败落。荒芜殆尽，只剩老衲枯守数椽。天祐师自北南来重建东湖寺。清康熙十三年（1674）十一月，赐进士及第、国子监祭酒、内翰林国史院编修沈荃撰并书《东湖寺碑记》，赐进士出身、翰林院编修沈世奕篆额，吴兴沈中书丹上石。碑立于寺内。清张大纯有诗。

实际寺

民国李根源访西山时录有碑文。东湖寺毁于20世纪五六十年代。今岭顶树林一片，在羊肠小道间穿行，见原址上建两间平房，内供观音佛像，为村人烧香点。昔年池潭仍在。

实际寺　位于西山吴村头100号。南宋端平二年（1235）僧智明建。明洪武初归并上方寺。清康熙五十五年（1716）

重建。三月，古吴冯盛蕙撰《实际寺碑记》，东山灵源（道煜）书，本山戚舜臣镌铭，住持僧法慧同徒果复立。清雍正间废。清乾隆五十五年（1790）由报忠寺主僧含章徒孙凌云重建。民国李根源访古时见有王美云隶额"坐枕流居"。寺毁于"文化大革命"时期。

今实际寺为吴中区比丘尼修行道场。2009年，寺由吴中区宗教局批办重建。2013年6月，被吴中区宗教局批准为宗教活动固定场所，改名为实积寺。现占地面积约2666平方米，建筑面积660平方米，建有天王殿、大雄宝殿、观音殿、地藏殿、柴房、库房等。有"四古"：古银杏；古井；古瓷香炉（曾于1916年流失，2016年回归）；古碑（上刻康熙五十五年《实际寺记》）。

资庆寺 位于堂里涵村汤坞内。坞因建寺，后得名资庆坞。晋支道林开山。后唐清泰间重建。明洪武间资庆寺归并上方寺，清末渐废。1929年，李根源来游资庆寺，在

资庆寺

寺中还看到了一些题刻，如"德一三身"，顾济乾行书；"金峰环翠"，嘉庆十六年（1811）芝岩陆秀行书等。

明徐祯卿、文徵明、王世贞、王世懋、申时行，清周公赞等均有诗作。

资庆寺在"文化大革命"时期被彻底拆毁。2006年于原址上重建。寺内刻文徵明诗碑。2007年对外开放。现有占地面积6666平方米，建筑面积2600平方米，为前后两进带两厢。第一进为天王殿、客堂，第二进为大雄宝殿，两厢分别为观音殿、地藏殿。

罗汉寺 位于秉常村罗汉坞内。后晋天福二年（937），僧妙道开山。明初，归并上方寺。永乐间僧悟修重建。明天启二年（1622），觉空禅师来居，寺始兴。明谢晋有诗文。清康熙间废。清乾隆十七年（1752）重建。光绪十一年（1885）住持隆发重修。抗日战争时期，寺被日军炸毁。1945年修复。1947年，宗仙法师修建大殿、藏经楼、罗汉堂、山门等。1949年后，由人民政府拨款修缮。1984年，由吴县园林管理处重建大殿，增茶室、扩山门等。寺内存《重兴古罗汉寺茶果山场碑记》《洞庭游稿碑》。1997年7月，大殿内花岗石"童子面石雕造像"被列为吴县市文物保护单位。

罗汉寺为吴中区佛教协会、金庭镇旅游集团公司共同管理，为免费开放景点。2024年，罗汉寺占地面积968平方米，建筑面积344平方米。

候王寺 位于渡渚山候王荡内，近太湖渡口。原为院，五代十国时吴越王钱镠临西山，院僧于渡口恭迎。王喜，赐名候王院。南宋庆元四年（1198）建为寺。明洪武初归

罗汉寺

罗汉寺童子面石雕造像

罗汉寺古樟、古紫藤

《重建侯王院碑记》及拓片

并为上方寺，明正统五年（1440）重建，清康熙年间失火被毁。存《重建侯王院碑记》，碑文为朝列大夫、国子祭酒、同修国史胡俨撰，中宪大夫、太常寺少卿黄养正书，赐进士、文林郎、行在大理寺左评事吴郡张枆篆。古碑已经移出西山，仅存图片与拓片。今寺荡然无存。原址上为一片果林。

昔年十八寺中，除宗教局批办重建的包山寺、罗汉寺、实际寺、水月寺、资庆寺等外，另有批办开放的寺庙禹王庙、大观音禅寺（大如意圣境）、石公寺、明月寺等。

禹王庙 有两座。其一，位于甪里村北端。始建无考，南朝梁大同三年（537）重建。后经历代修缮。庙内有蔡九龄撰《重修禹王庙记碑》。1984年重修，被列为县级文物保护单位。1994年扩建庙园并对外开放。庙内由梨云亭、大禹像、太平军土城遗址、明代古码头、禹王殿、财神殿、天妃宫、茶室等组成。庙临湖而建,移步古码头,湖风习习,观湖鸟翻飞,听浪涛拍岸,不失为一处佳境。禹王庙现由金庭镇旅游集团公司管理。

其二,位于东蔡村秉汇村夏王庙港东北。庙始建年代无考。现存庙宇为清代建筑,面阔三间带两厢,面积89.4平方米,全名夏禹王庙。2009年在全国第三次文物普查中,被公布为古建筑类不可移动文物点。资产隶属金庭镇财政所。现为村人烧香点。

禹王庙

重修禹王庙记碑

石公寺

石公寺 位于石公山东,原为庵。位于石公山来鹤亭南。始建无考。明代姚希孟,清代龚自珍、金之俊等人均有文记。

海灯法师于1959年3月住锡石公寺。1969年10月法师告别石公寺回到了老家。石公寺也在"文化大革命"中被毁。1987年11月,为迎接海灯法师,建起了海灯法师陈列馆。1989年1月9日,海灯法师仙逝。1990年,在明月坡北建法师灵骨塔,并复建石公寺。2010年,石公寺被批准为宗教活动场所。

大如意圣境 亦名大观音禅寺,位于绮里坞内。寺以复花山寺之名而建。2002年,由居士王玉娴发愿捐资所建。2008年5月18日奠基。2015年,大观音禅寺主体落成并开放。寺内供奉明代早期的观音铜像,为镇寺之

大如意圣境

宝。寺前广场中间有高9.99米如意观音金铜像；山顶有如意大观音金铜圣像，高88米，重1000余吨。现占地面积72600平方米，建筑面积13189平方米。

明月寺 位于石公村明湾（5）小明湾14号。相传为明正德年间从明月湾西侧的庙山嘴迁居而来。清初称明月庵。1925年，维修并增建楼房，改今名。内奉弥勒、观音、城隍、关帝、猛将、蚕花等佛像。寺内藏有3方碑刻。第1方为《奉各宪永禁采石碑》；第2方为《明月湾湖滨众家地树木归公公议碑》，第3方为"功德碑"。明月寺坐北朝南，占地面积1800平方米，建筑面积900平方米。2005年，明月寺被列为苏州市控制保护建筑。2014年6月30日，被苏州市人民政府列为第七批文物保护单位。

西山庙宇甚多，除了以上这些外，还有双观音堂、城隍庙（位于古樟园内）、长寿庵（位于劳家桥）、猛将堂（衙里、秉汇葛家坞、小埠里等地都有）、水平王庙（又名龙王庙，位于瓦山）、盘龙寺（位于横山）、三官殿（位于东湾）、东岳庙（位于阴山）、大老爷庙（位于衙里骑龙殿甪嘴山与凤凰山之间）、二老爷庙（位于慈里）、三老爷庙（位于圻村）、四老爷庙（位于秉常村四墩山上）、五老爷庙（位于元山屯山上）、大圣堂（位于张家湾与下泾交界处）、义松庵（位于慈里北）等。全镇总计烧香点为100多处。另有道观（灵佑观，位于林屋洞景区内）1处、基督教堂1处（位于镇夏）。

明月寺

附一:"洞庭福主"的由来

"洞庭福主"者,即西山人俗称五老爷庙也,亦称萧天君庙,始建于宋代。据《具区志》载,梁武帝玄孙萧氏五兄弟因梁朝灭亡不肯屈节投降,逃亡到了西山隐居。他们不仅传授武艺于西山青年,还传授了西山果农打柿漆、种葡萄等许多农业知识,深得西山百姓爱戴。他们死后,化为五个神灵。西山人奉他们为掌管五个主要行业的神圣。老大称"吃粮大",掌管稻麦粮食,庙在衙里天妃宫旁;老二称"葡萄二",掌管水果,庙在慈里;老三称"野鸭三",掌水禽,庙在瓦山;老四称"柿漆四",掌柿漆,庙在四

元山五老爷庙

龙山；老五称"网船五"，掌渔业，庙在元山村屯山。这五位老爷被奉为神灵后，西山人敬重有加，然元明时期香火并不旺盛。直至清代初，西山发生了一件大事，祀五老爷香火之风才盛行起来。

《学古堂日记》载，闻之父老相传，清初定鼎时，有明裔朱某逃逸来山，山有徐龙冈者，素尚勇好义，乃号于众曰："吾辈皆明之子民，岂愿为异国百姓？今有天潢之胄在此，何不奉其为主，一举义旗。"众皆曰"诺"。于是，徐龙冈开始部署，他提出先袭取苏州、杭州，然后联络闽南、广东等地推翻清朝政府。但组织起来的一些西山人没有经过训练，更没有战斗经验，徐龙冈也非领兵之才，刚与清军交战，立马溃不成军，以失败告终。徐龙冈远遁他乡。清政府闻之，对西山百姓恼怒起来，遂下令屠山。那天兵船开至胥口，太湖上忽然起了大雾，五步之内不见人影。清兵只能滞留胥口。这样的大雾连续起了三天。第三天夜里，带兵的将领忽然梦见五位少年身穿红袍出现在面前，其中一位戴着纱帽，对将领说："西山之叛，只有徐龙冈一个人，其余的都是良民。你们为何不分青红皂白要屠杀山民？这几天的大雾是我发出的，明天大雾将散去。你能听我的话，到山上好生安抚百姓，我就让你们平稳地渡过去。不然，我将作起大风，掀起巨浪，将你们以及船只全部颠

覆在太湖之中。"将领听了惊悚地颔首答应。那夜，山中的长老也做了一个梦，梦见神灵嘱咐不要惧怕官兵。第四天，天气果然晴朗，湖面风平浪静。清军将领一路顺风到了西山岛上，他依照五老爷之命，安抚百姓，并述梦中所见，山中长老也将梦中神灵之语告知。大家互相惊讶感叹。清兵随即离去。村民百姓感念五圣显灵，更加崇敬五老爷，纷纷上庙烧香，称为"洞庭福主"。于是，西山祭祀五老爷之风盛行起来。

附二：猛将堂里的猛将是谁？

几百年前，西山各村落几乎都有猛将堂。那么，猛将堂里的这位猛将是谁？许多善男信女可能不太清楚。有传说为宋代的刘琦将军，因为刘琦在宋景定间被封为杨威侯、天曹猛将之神。又有人称猛将为刘锐，刘锐乃刘琦之弟。《松江府志》又引王阮亭说，认为猛将为刘漫堂，亦是宋代人。《太湖备考》作者金友理考证下来，认为是刘承忠。刘承忠，广东吴川人，元末为官指挥使。有一年，江淮两地蝗虫泛滥，致使庄稼受到了严重的损失。百姓焦虑万分。就在蝗虫肆意横行时，刘将军发起神功，组织士兵们奋力驱赶蝗虫。不几天，蝗虫全部消失了。庄稼得到了收成。两地百姓感激万分，视为神灵。元朝灭亡时，刘承忠将军不肯屈节投降敌人，自尽身亡。百姓知道后，十分悲痛，为其建庙祀之。《清会典》载：雍正二年，奉旨祭刘承忠于各省府州县，神能驱蝗。据此，金友理说，则当为刘承忠，非刘琦。

西山古桥留下的不仅是桥名

西山昔年古桥很多，遗憾的是有些古桥因年久失修而倒塌，有些因交通变化而被拆毁。流传至今的古桥，大约有两种情况。其一，只有桥名，无其他记载，如秉汇的沈家桥，堂里的接云桥、仁寿桥等。其二，不仅有桥名，还有所建年份及建造者姓名。如永泰桥、永寿桥、永丰桥、头陀桥（德福桥）、永宁桥、玉虹桥、南星桥等。现将留存的古桥逐一作简单介绍。

永泰桥　位于东村古村东港之上。建于明景泰二年（1451）五月。为里人徐文昌、徐文吉、徐希文等人捐建。桥下有明代建桥记事碑。

永泰桥及桥碑

永寿桥　位于葛家坞上方寺前的一条溪流上。建于明成化十六年（1480）三月。为上方寺慧瓒和尚及善男信女捐资而建。桥下有碑记："成化十六年岁次庚子三月十一日，本寺住山比丘慧瓒回施长财，命工建造永寿桥一座。伏承信女秦氏妙清、王氏妙荣、信人吴祖宝，各舍银五钱。信女黄氏妙清、吴氏妙真，各舍银一两。所冀现生福基永固，来世种智圆明者。石匠徐华远。"

永丰桥　位于下泾村口。重建于康熙四十一年（1702）。为大圣堂头陀慧圆等捐资而建。桥长17.9米，顶宽1.9米，矢高3.2米，跨径5.2米，桥孔拱券纵联分节并列砌筑，南北桥堍各设十一级踏步，东西两侧各置一对长系石。桥东侧北拱下有字刻"康熙四十一年重建"，桥底有碑记："大清康熙四十一年岁次壬午又六月吉旦，大圣堂头陀慧圆……重建。"1997年被列为吴县文物保护单位。

永丰桥

头陀桥

  头陀桥 又名福德桥。位于庭山村中桥头。始建无考，修建于清雍正二年（1724）。为里人屠氏捐建。桥下有记："大清雍正岁次己酉年孟夏吉旦本里屠□□重建。"

  永宁桥 位于甪里郑泾港北侧。东西向花岗石平桥。长 5.6 米，宽 3.4 米，高 3.2 米。明代嘉靖间里人郑氏哀三子郑栋、郑楷、郑林均早逝，而以三人之名义建桥。清乾隆五年（1740）重建。桥南北两侧均有"重建永宁桥"阳刻五字。桥有联，南联："北湖关键，水接苕文朝北崟；南斗运枢，天环婺彩照南星。"北联："岩峣架壑承金岭，潋滟横梁映彩虹。"2023 年，金庭镇人民政府出资重修。

  玉虹桥 位于堂里古村北侧。始建无考。清乾隆二十五年（1760）由里人徐舜音、徐圣坤，花费六百多银两更新修缮，修成于次年九月。1943 年重建。桥首两侧刻

永宁桥

玉虹桥

有"玉虹桥"及"民国卅二年岁次癸未四月谷旦重建"字样。桥东西向,单孔石拱桥,长14米,中宽2米,跨径3米。两侧花岗石踏步,桥栏有改动,青石桥额、桥联,花岗石拱券纵联分节并列砌筑。南联:"愿天常生好人,愿人常行好事。"北联:"要知前世因,今生受者是;要知后世果,今生作者是。"2023年,金庭镇人民政府出资重修。

南星桥 位于甪里郑泾港南(夫椒山路南侧)。清乾隆二十七年(1762),里人曹泰僖、曹泰仪、曹泰临、曹泰扬四兄弟为庆祝母亲王氏八十大寿而建。桥为单孔石拱桥,东西向,长12.2米,中宽2.5米,跨径4.8米,矢高2.8米,

南星桥

花岗石纵联分节并列砌筑,两侧各有花岗石踏步,西为15级,东为17级,金刚墙青石砌筑。桥下有碑记。2014年吴中区文物局重修。

永安桥 位于林屋村后堡北侧。始建无考。现桥为清乾隆四十五年(1780)里人蒋承诏、蒋承诰、蒋承训三兄弟为庆祝母亲沈氏八十大寿捐资重建。桥拱东侧有"永安桥"三字,西侧有"后保古渡"四字题刻。西侧有桥联:"锦浪曲洄三径秀,玉虹深锁七贤云。"东侧有所建年月及所建人题刻"大清乾隆庚子年孟夏月谷旦""本里蒋门沈氏命男承诏、承诰、承训重建"。桥今仍为村人出入之通道。2024年,金庭镇人民政府与林屋村委修缮古桥,并在其东侧另建一座新桥,以便车行。

聚源桥 位于庭山村坝基桥西侧。南北向,单孔石拱桥,始建年代无考。现桥为清道光十二年(1832)重建。

永安桥

聚源桥

桥西侧有联："山光近接东西崦，波影遥分里外湖。"桥东侧有字刻"大清道光十二年孟冬月重建"。桥面正中花岗石有太极祥云雕刻，桥底正中花岗石有仙鹤祥云雕刻。2023年，金庭镇人民政府出资修复。

广福桥 位于庭山村中桥头。建于清代。东西向，单孔石拱桥。有桥联："曲引鸥波滋绣陌，齐排雁齿接康衢。"桥体保存良好。

新丰桥 位于西山北部新丰农业园内。始建清道光十八年（1838）孟夏。桥为花岗石单孔拱桥，纵联分节并列砌筑，两块均设花岗石长椅。桥底有龙门石雕双龙戏珠图。桥西北有碑刻，云："此桥至劳家桥一带，向系田塍，

广福桥

新丰桥

因被水浸坍要道难行,是故道路公局修筑泥岸,照旧四尺余。现中嵌沙石,连长二里之遥,将竣,岸稍有塌隙,仗业主随行修补。倘有偷窃石料及在路石敲打农器,地方查明究治,

明月桥

以保永固。特此公禁。道光十八年孟夏，合山公立。"桥东侧有联："莺歌互答太湖棹，虹影遥窥邓尉梅。"西侧明柱刻有"民国十七年冬""里人募捐重建"字样。

明月桥 位于明月湾古村村口。始建无考，1923年重建。花岗石平桥。

以上的这些古桥，留存至今，大都依然是村人的出入之道，福泽着一代代的西山后裔。西山古桥留下的不仅是桥，更是西山人弘扬中国传统美德善行孝道的最好注释。如位于东村的永泰桥、葛家坞的永寿桥、下泾村口的永丰桥、堂里古村的玉虹桥、林屋村后堡的永安桥等。

江南文人画里的洞庭西山

洞庭西山悬置太湖之中,景色优美,物产丰富,风光无限,为历代江南文人所青睐。西山的美景触发了他们的创作灵感,他们也为西山留下了珍贵的墨宝。元代有王蒙的《具区林屋图》等。在历代画家中,明代画家留下的作品最多,也最出名。馆藏的有沈周的《西山雨观图》、张宏的《西山爽气图》、唐寅的《震泽烟树图》、陆治的《消夏湾图》等。

《具区林屋图》 为元代画家王蒙之作。王蒙,浙江人,与黄公望、吴镇、倪瓒合称为"元四家"。王蒙是赵孟頫的外孙。赵孟頫的从祖母嫁到西山秦家堡里,因而王蒙常随赵孟頫来西山游玩。林屋洞是西山著名的景区之一,其幽深的洞穴、嶙峋的太湖石、神奇的传说故事在王蒙在脑海中交汇,一幅《具区林屋图》由此而生。图中玲珑的洞壑、层叠的山石、繁密的树林、粼粼的水波显得自然、灵动、和谐、美丽而稍带一点神秘。

《西山雨观图》 是明代沈周创作的一幅纸本墨笔画。画面描绘了西山烟云变化、雨霁烟消的景色。西山的美丽常吸引着沈周的目光,他住在西山好友的家里。有一天,下起了细雨。沈周伫立于窗前,观望着雨中的景色。眼前山峦起伏,云雾升腾,林木、湖泊、村庄等渐渐地笼罩在一片烟雾之中,朦胧如仙境般的美深深地刻进了沈周脑海

王蒙《具区林屋图》

中。《西山雨观图》于此而生。画诞生后，文人骚客赞美不已，纷纷留下诗跋。他们不仅叹赏沈周的画法，也对其笔下西山雨中美景十分神往。

《西山爽气图》 是明代著名画家张宏的杰作。在一个炎热的夏季里，他来到了西山。夏日里的西山，林木茂密，溪流叮咚，凉风习习。这里正是他寻求的远离尘世的桃源之境。他在一个小村里散着步，四周山峦起伏，眼前古树参天，远处有长者，耳旁有鸟鸣，这一切都赏心悦目。于是，在他的笔下，一幅美丽的图卷徐徐展开。纵观全图意境爽朗，气韵清疏，笔墨秀润，构思巧妙，情景相融。可谓明末山水画中的极品。

《震泽烟树图》 为明代唐寅所作。唐寅，他才华横溢，但受科举案牵连而入狱后，心灰意冷，开始游山玩水。他来到了西山涵村的一位朋友家里。涵村藏坞临湖，树密房疏，晨雾弥漫，轻舟入湾，湖光山色，风光无限。朋友耿敬斋放浪形骸，耕读为乐，与唐寅十分投缘。唐寅就在这段时间里，即兴挥就了这幅《震泽烟树图》，并在画图上题写了这样的诗文："大江之东水为国，其间巨浸称震泽。泽中有山七十二，夫椒最大居其一。夫椒山人耿敬斋，与我十年为旧识。昼耕夜读古人书，青天仰面无惭色。令我图其所居景，烟树茫茫浑水墨。我也奔驰名利人，老来静扫尘埃迹。相期与君老湖上，香饭鱼羹首同白。"该画构图虽简约，却透出了太湖风光之灵气，也表达了唐寅仕途不利后看破红尘的淡然心迹。

《消夏湾图》 是明代著名画家陆治与老师蔡羽的合璧画卷。蔡羽，西山东蔡人，著名的文学家、书法家、理论家，吴门十大才子之一。精于《易经》，诗文高超。蔡羽死后，文徵明为其作墓志铭，评价甚高。陆治，西山涵村人。师从蔡羽、文徵明，亦得倪瓒真传。陆治极富天赋，其画以山水、花鸟见长，深得画坛看重。蔡羽书写了他的《消夏湾记》，十八年后，学生陆治拜观到《消夏湾记》手迹，激情万分，欣然画下《消夏湾图》。陆治洗练的笔墨，使《消夏湾记》更为具体形象。图文并茂，珠联璧合，一时传为佳话。

此图卷被视为珍品。明末清初，此卷归苏州藏书家、书画鉴赏家朱卧庵。清时，为康熙帝师高士奇收藏并题字。后，高士奇孙高岱也有题跋。1929年，海上收藏巨擘吴湖帆将此卷收入囊中，并作跋语。

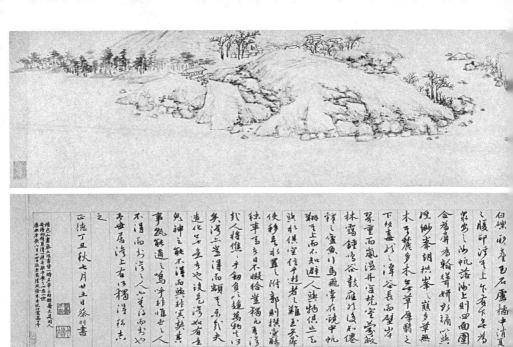

108 志说西山

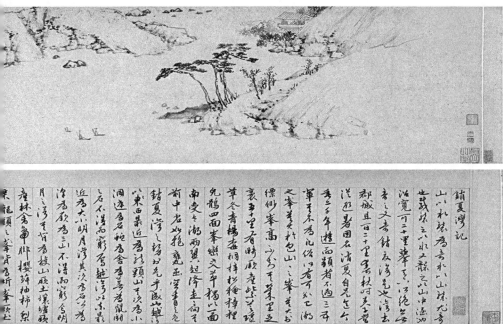

消夏湾图

咏烈堂门里的千秋军魂

西山缥缈村自然村落秦家堡，原名安仁乡，自南宋秦氏一脉居住易名至今已有八百多年历史了。秦家堡里走出了多少位风云人物，已经难以统计。但村中咏烈堂门里走出的忠烈军魂彪炳千秋，却让我们深深感动着。

南宋英烈：秦孝义

秦孝义（1260—1279），南宋驸马秦仪的第三个儿子，被秦氏族人称为有民族大节的人。这里有怎样的壮烈故事呢？我们先来回顾一段历史。

南宋末年，元军在襄樊之战大破宋军以后，直逼南宋首都临安（今浙江杭州）。德祐二年（1276），宋朝求和不成，于是小皇帝宋恭帝投降。宋度宗的杨淑妃在国舅杨亮节的护卫下，带着自己的儿子益王赵昰、广王赵昺出逃，在金华与大臣陆秀夫、张世杰、陈宜中、文天祥等会合。元军统帅伯颜继续对二王穷追不舍，于是二王只好逃到福州。不久，赵昰登基做皇帝，改元景炎。尊生母、宋度宗的杨淑妃为杨太后，加封弟弟赵昺为卫王，

秦仪像

秦仪墓

张世杰为大将,陆秀夫为签书枢密院事,陈宜中为丞相,文天祥为少保、信国公并组织抗元工作。

元朝在赵昰做皇帝以后,加紧了灭宋步伐。宋景炎二年(1277),福州沦陷,随即张世杰夺船出海,南宋流亡朝廷只好去广东。赵昰准备逃到雷州,不料遇到台风,帝舟倾覆,赵昰因此得病,不久崩逝。年少的卫王赵昺登基,年号祥兴。陆秀夫和张世杰护卫赵昺逃到崖山,在当地成立据点,准备继续抗元。

祥兴二年(1279)元军浩浩荡荡陆续抵达崖山,对南宋形成三面包围之势。经过数番激烈的战斗,宋兵终于寡不敌众,海战失败。赵昺的船在军队中间,陆秀夫见无法突围,便背着赵昺毅然跳海,随行的十多万军民不少人誓死不肯投降，也随之相继跳海，年轻的秦孝义也在其中，以身殉国。

在西山秦家堡的家人、族人闻讯后，失声痛哭，悲愤交加。悲的是男儿壮烈捐躯，愤的是元兵进犯灭宋。族人在祠堂内为秦孝义立位，决定将秦氏宗祠易名为"咏烈堂"，以纪念秦孝义的壮烈之举，并遗训子孙"耕读传家，不仕元朝"。

奔赴延安的护士：秦静珍

秦静珍（1917—2012），原名静贞，乳名四官，1917年2月6日，诞生于西山秦家堡一户书香门第、教育世家里。当时国家动荡，军阀混战，秦家至其爷爷秦叔咸一辈，家道已经中落了。1936年秋，秦静珍独自一人踏上了谋生之路。她先来到上海，求助于做裁缝的青禾叔。青禾叔收留了她，不但管吃住，还传授她裁缝的手艺。1937年卢沟桥事变后，青禾叔送她去南京国民党陆军130医院培训队学习。淞沪会战后，大批军队伤员被送往南京。秦静珍即留院从事救治伤员和救亡工作。其后随着战事一天天紧张，南京危在旦夕。医院里挤满了从前

秦静珍

线撤下来的伤员。秦静珍与其他人一起，连续几天几夜不休息，给伤员清洗伤口、换药，喂水喂饭，接屎接尿，像亲人一样照顾、鼓励他们。时并肩作战的有地下党员张静、刘文英等。不久，国民党军队全线撤退，日军占领南京后开始了大屠杀。秦静珍所在的医院被遣散。她和地下党员张静等人备足了水和粮食，躲进了外交部的一个地下储藏室，在黑暗中度过了漫长恐怖的十天。当他们走出地下室，映入眼帘的是一片废墟。

日寇屠城后，急于恢复城市功能，建立新秩序，管制逐渐放宽。其时，美国人开办的教会医院在鼓楼招收医护人员。为了生存，秦静珍等130医院的人陆续加入该院。不久，日寇接管了医院。这些日本兵任意地打骂中国人。地下党员张静发挥了积极的引导作用。她告诉大家，在遥远的北方有一个革命圣地——延安，是中国革命青年成长的摇篮。

经过多次的筹划，利用与美国人的关系，张静联系到上海至香港的轮船。秦静珍等人分批离开南京到达上海，随即乘船去香港。从香港又转往广州，他们一行十余人，分散而居，分批往北。或搭车，或徒步，历尽了艰辛，到达长沙时，已经身无分文，只能打杂工来解决吃饭问题。凑足了路费后，又继续北进。1938年5月初，他们终于顺利到达了西安，并在徐特立的安排下，奔赴延安。途中，秦静珍不幸被狗所咬伤，在老乡家住了半个月。6月上旬终于到达了向往中的延安。

秦静珍在延安度过了近两年的岁月，这也是她人生最重要的转折点。其间，她与同期奔赴延安的云南大学医学院毕业的黄俊相识相爱。1940年初，秦静珍加入了中国共产党，年底与黄俊结为伉俪。此后丈夫黄俊任八路军总司令部卫生处长，秦静珍到医务所当司药。

抗战胜利后，黄俊调太行军区从事卫生领域的领导工作，秦静珍入晋冀鲁豫北大医学院学习。1955年秦静珍被评为正营大尉。1956年，秦静珍在北京军区总院消化科做医生。1981年3月11日，黄俊因病在北京逝世，享年67岁。秦静珍独自支撑了这个家。2012年8月18日，秦静珍于北京病故，享年95岁。

赤石大屠杀中的幸存者：秦烽

秦烽（1918—1997），出生于西山秦家堡一个普通农民的家庭里，高小文化。1932年2月，他离开家乡到上海永成源绸缎庄当学徒，其间阅读了大量的进步书籍，深受进步思想的影响。1937年，他积极投入到抗日救亡运动中。1938年5月，他瞒着父母，毅然参加了战时服务团，离开上海前往浙江温州等地进行抗日救亡宣传工作。同年10月，在皖南参加新四军，被分配至军政治部战地服务团戏剧组工作。1939年1月，加入中国共产党。1939年10月至1941年1月，任文化教员，后被调至一支队一团特派员办公室任特派员干事。

秦烽

秦烽牺牲证明书

震惊中外的皖南事变发生后,由于敌人的层层设防,他在突围至江苏溧阳附近时,遭遇敌人的伏击而被捕,被关押在伪江南行署皖南特训处。1942年5月被转押至江西上饶集中营,先后被囚于特训班第三区队、更新剧团和第三中队内。在狱中掩护难友们与敌人展开不屈不挠的斗争,被敌人视为顽固分子。1942年6月19日下午,敌人疯狂地进行了赤石大屠杀。秦烽被第一批拉出去。行刑时,他由于后脑被子弹擦伤后倒地,没有被击中要害而幸免于难。

此后他又历尽了千辛万苦,在老乡的帮助下,终于找到了组织,留在了武夷山参加了抗日游击队。1942年8月,敌人对武夷山地区进行了疯狂的围剿,形势十分严峻。秦烽突围后回到了上海,直到中华人民共和国成立后,他才与组织取得了联系。

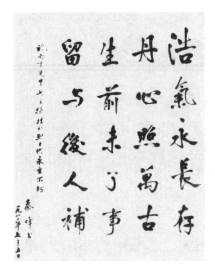 

秦烽书法　　　　　　　　　　洞庭秦氏宗谱

　　上海市监狱管理局史志办主任徐家俊曾在2017年2月写作《秦烽：赤石大屠杀中的唯一幸存者》一文，发表于《上海滩》杂志上，文中详细地介绍了秦烽死里逃生及回到上海后的经历。1985年12月，秦烽于上海市机电工业局纪委纪检干部岗位上离休。离休后积极参加上海新四军暨华中抗日根据地历史研究会的活动，并任上海市新四军历史研究会军部分会副会长。其撰写的《浩气长存》一文被收录于《上饶集中营》一书中。为怀念皖南事变中牺牲的先烈们，1982年7月5日秦烽满怀激情地写下了这样的书法条幅："浩气永长存，丹心照万古。生前未了事，留与后人补。"（书法现存安徽泾县新四军军部旧址纪念馆）。1997年11月10日，秦烽于上海离世，享年79岁。他坚贞不屈、忠心报国的英勇事迹永远留在了史册上。

援朝英烈：秦云龙

秦云龙（1929—1951），秦烽的嫡亲弟弟。十多岁时就来到上海，在秦烽身边学习、做学徒。受兄长的影响，他从军报国。在部队他积极上进，短短的两年中立三等功两次。牺牲时年仅22岁。

秦云龙留下的资料甚少。在1953年3月中国人民志愿军政治部颁发的"革命军人牺牲证明书"中写道："秦云龙同志于1949年11月参加革命工作，在27军教导团供给处任文书。不幸于1951年8月31日在朝鲜平安南道遭空袭光荣牺牲……"同年由毛泽东主席签署、中华人民共和国中央人民政府颁发的"革命牺牲军人家属光荣纪念证"中写道："查，秦云龙同志在革命战争中光荣牺牲，丰功伟迹，永垂不朽，其家属当受社会上之尊崇。除依中央人民政府《革命军人牺牲病故褒恤暂行条例》发给恤金外，并发给此证以资纪念。主席毛泽东。"

秦云龙烈士证书

苏州沧浪亭五百名贤祠中的西山人

西山自古名人辈出,难以计数。今苏州沧浪亭五百名贤祠有五百九十多位苏州名贤,其中西山人有七位。他们是西山人的骄傲,让我们分别来了解一下。

俞贞木(1331—1401),祖籍西山小埠里。名桢,字贞木,以字行,更字有立,号立庵。他小时候随祖父俞琰生活过。从小就有远大的志向,尤工于古文词。到了婚娶的年龄,以学业未成而不愿娶妻,外出求学。元季不仕。入明,以荐者言,授韶州乐昌令,改南昌府都昌令,请归。俞贞木为人清苦,廉洁奉公,敦行古道。他辞官回家,只带回一个破筐,以布裹物。拎出来时,看上去似乎很重,家人以为是金银之物,打开后才发现是官上的一把柴斧。他的德行,受到了人们的称赞。太守姚善礼致之,尊为有道。俞贞木著有《立庵集》。

俞贞木像

蔡羽（1471—1541），明代官吏、文学家。字九逵，号左虚子，一号林屋山人。西山东蔡人。祖父蔡昇，以文学闻名。蔡羽遗传了祖父的文学基因，青出于蓝而胜于蓝，名气比祖父大。他早有奇气，写文章，句式优美，文字清丽，人们争着作为模式样板。但他仕途不得意，考试屡屡不中，一直坚持了四十年，总算当上了一个小官。做了三年，眼望提拔的可能性不大，于是干脆回家，潜心研究文学。许多人拜他为师。后续名声较大的门徒有两位，一位是著名画家陆

蔡羽像

治，一位是著名书法家王宠。蔡羽自我要求很高，也比较自负。著有《林屋集》《南馆集》《太薮外史》等。蔡羽的书法也是出类拔萃。他以晋唐为楷模，王世贞评述其书："以秃笔取劲，姿尽骨全。"他死后，文徵明为其写墓志铭。他的二十世孙蔡书升在蔡氏祠堂内留有像赞（今碑在水月坞内）。

其徒陆治（1496—1576），明代画家。字叔平，号包

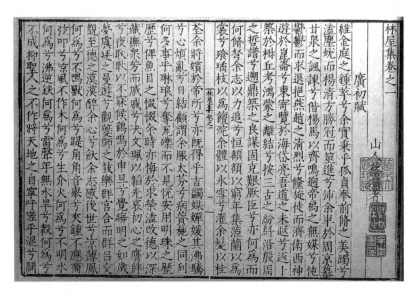

《林屋集》书影

山子，西山涵村人。为嘉靖年间贡生。后以绘事名世，晚年居支硎山不出。归葬西山涵村祖茔。苏州城内庙堂巷有陆包山先生祠，后被拆毁。其徒王宠（1494—1533），明代书法家，字履仁、履吉，号雅宜山人。邑诸生，贡入太学。博学多才，工篆刻，善山水、花鸟。诗文声誉很高，尤以书名噪一时。书善小楷，行草尤为精妙。

徐师曾 （1517—1580），明代官吏、文学家，祖籍西山东河。字伯鲁，号鲁庵。为明代吏部侍郎徐缙孙。嘉靖三十二年（1553）进士。选翰林院庶吉士，历仕兵科、吏科、刑科给事中。反对严嵩父子专权，于隆庆五年（1571）致仕。卒葬于苏州横山。徐师曾博学多识，兼通阴阳律历卜筮之说，能诗歌，工篆籀，尤精医术。曾校订友人沈子禄的《经脉分野》。又辑编《文体明辨》《咏物诗编》《大明文钞》《六科仕籍》《途中备用方》《经络全书》等。著有《校注病机

徐师曾像

赋》《周易演义》《礼记集注》《医家大法》《经脉枢要》《世统纪年》《正蒙章句》《宦学见闻》《南湖集》等。

叶初春 （1541—1622），明朝官吏。世居西山绮里。洞庭叶氏始祖为南宋文学家、高宗朝崇信军节度使叶梦得。南渡后，叶梦得辞官居湖州，建炎四年（1130）避居东山。

叶初春像

蔡人龙像

叶氏子孙居东山后逐渐繁衍成大族。至明初已经分为十大支派。其中一支迁居绮里，始祖为叶梦得十五世孙荣四。叶初春为荣四孙。明万历八年（1580），叶初春考取进士，担任广东顺德县知县。任职期间，努力工作，清正廉洁，为百姓所拥护。因政绩突出，被提升为兵科给事中，后转礼科任谏官。万历二十年（1592）同官李献可为别人仗义执言，遭到了驳斥。叶初春与昆山张栋、常州沈之佳联合谏言，但均遭训斥驳回，并被削职回籍。叶初春常游西山，与僧人交友。今圻村石佛寺、阴山等地均留有其撰写的碑文。

蔡人龙（1583—1626），明朝将军。西山旸坞人。蔡人龙相貌堂堂，身材高大。他从小喜欢读书，写得一手好文章。但屡次考试不成功，就远游楚汉间，与诸多名士交往。当时四方纷乱，时局不稳。于是，他不再习文，而学剑习武，读兵法。天启二年（1622），他考取了武进士，被授予浔梧守备。时有多人好吃懒做，聚集为匪，危害地方，并利用天然屏障与朝廷作对。蔡人龙到任后前往平息。他身先士卒，屡立战功，在天启六年（1626）的一次围剿中，他冲锋在前，杀贼数百人。贼人闻风，尽弃辎重，藏匿起来。蔡人龙知道这是贼人的计谋，猜想晚上贼人一定会来偷袭。因此，自己屯兵当作诱饵，命令诸将分伏左右夹攻。夜半时分，贼人果然来袭。分伏的当地诸将嫉妒蔡人龙会得灭匪之首功，又怕彪悍的匪徒，因而不敢前往救人。蔡人龙"力战，格杀数十百，力尽被执"。匪首劝蔡人龙投降，不然就杀死他。但蔡人龙毫无畏惧，慨然就义。朝廷赠其为游击将军，立祠赐祭，归葬家乡旸坞。今旸坞黄家山坞里碑仍在，墓已平。碑文"乌乎此昭代父忠子孝蔡将军之墓"，立碑时间为光绪十二年（1886）春正月，碑为德清俞樾书，滑县暴式昭立。

蔡至中（1604—1649），明末西山旸坞人，以至孝出名。父亲蔡人龙。年少，蔡至中有乃父风范，随父习武，为明武学生。后随父至广西。蔡人龙战死，蔡至中悲痛万

蔡至中像

分,他擦干眼泪,率领敢死队深入贼营,把父亲的遗体抢了回来,并刺血上书朝廷,诉父壮烈之举。朝廷悯之,追赠其父为游击将军,并得抚恤归葬家乡旸坞。父亲的战死,使"至中以悲伤成疾"。他以身疾而辞去朝廷给予的官职,一心侍奉母亲。母病期间,他必亲自服侍,汤药都要亲自尝过才放心,被旸坞人称为大孝子。

西山古景与新景

西山风景如画，处处为景。明清时里人总结出十二大景观，分别为毛公积雪、鸡笼梅雪、林屋晚烟、石公秋月、消夏渔歌、玄阳稻浪、缥缈云岚、凤凰烟雨、甪里梨云、甪角风涛、西湖夕照、横山旭日等。至今，有些古景依然存在，如石公秋月、缥缈云岚、西湖夕照、横山旭日、毛公积雪等，有些已经消失，如鸡笼梅雪、消夏渔歌、玄阳稻浪等。除了古景外，如今又诞生了新的景观，如林屋梅海、庭山帆影、金铎风铃、水映长滩、岭东玫瑰、屠坞竹海等。

古景

毛公积雪 位于西山东南部的秉常村包山坞旁。毛公，汉代道家刘根之号。其学道于西山，冬夏不衣，身生绿毛，故号"毛公"。住过的山坞亦被称为"毛公坞"。毛公坞坞深峰高，灌木茂密，林木葱郁。坞底深处日照时间短，气温低于坞外平地山丘。每逢大雪纷飞之日，岛上坞内处处银装素裹，洁白一片。雪停放晴，其他地方积雪已经融化，而毛公坞内依然雪白如故，远远看去，好似一方方白银条镶嵌于硕大的苍翠山脉之间。翠白分明，是为"毛公积雪"。

鸡笼梅雪 位于西山东南部秉常村狮子头村前的鸡笼山上，因山形如笼，常常有山鸡出没而得名。山不高，海拔25米余，坡长约400米。鸡笼山明清时期山上坡下植梅成林。每逢花开之际，暗香浮动，沁人心脾；又素练如雪，银光映空，蔚为大观，令人目眩。鸡笼山不高不广不幽深。蔡旅平游后说，"探梅者咸诵其胜，可比肩光福玄墓"。今鸡笼山遍植枇杷树、茶树，偶见梅树。"梅雪"之景荡然无存。

林屋晚烟　　位于西山中部东端林屋山脚下。林屋，即林屋山。其因山石成林，洞内顶平如屋而得名。昔年晨时，站在林屋洞山顶放眼四周、俯瞰脚下，万屋千舍，炊烟袅袅，如薄云淡雾，随风飘舞，与湖面雾气渐渐交融，浑然一体，化生如仙境一般，令人顿生忘尘脱俗之感。傍晚时光，伫立林屋山顶，太阳西下，群鸟归林，金光遍洒，脚下户户家家，炊烟腾升。金光炊烟，亮丽轻飘。令人遐思不已。是为"林屋晚烟"。今柴房灶间鲜用，平时常用煤气灶，鲜有"晚烟"之景。

石公秋月　　位于西山东南端石公山景区内。石公山三面临水，秋夜月生，皓月当空，水生月辉。昔年，相传吴王携西施曾于明月坡赏月，清时亦有文人于此月光下鼓瑟夜游。农历九月十三傍晚，夕阳西下，万道金光碎洒太湖，湖面碧金。是时在石公山，可见日落湖水，月升东方，金辉银光的"日月双照"之天象奇观，是为"石公秋月"。

消夏渔歌　　一说消夏渔火，位于西山南端消夏湾内。消夏湾，因春秋吴越时吴王于此消夏而得名。明代吴中才子蔡羽有《消夏湾记》。消夏湾里渔民于此捕鱼为生。相传节令时，渔民将渔船首尾相接，排成一字，渔民站立船头船尾，对唱渔歌，尽兴传情，是为"消夏渔歌"之场景。是夜，百船泊湾，桅灯渔火，刺破夜空。若遇星空灿烂，夜空晶亮，而港湾内渔火闪烁。繁星、渔火，天上湖面，一片闪光，是为"消夏渔火"。今湾造田，渔民上岸，湾内果林一片。"渔歌（渔火）"消失。

玄阳稻浪 位于西山东北端鹿村之北山。玄阳，即玄阳洞山。相传晋代葛洪曾于此炼丹。昔年，玄阳洞山脚下西南有大片大片的稻田，延至湖边。秋实之际，稻谷抽穗，一片丰收景象。秋风吹拂，稻谷起伏与湖浪相接。"玄阳稻浪"由此得名。今山脚下房屋林立，果园片片。"稻浪"消失。

缥缈云岚 一说缥缈晴峦，位于西山西偏北部。缥缈峰海拔336.6米，为太湖第一高峰。雾气腾升之际，弥漫山腰。草木湿润，苍翠林木忽隐忽现。站于山顶，远山湖面，朦朦胧胧。空气流动，雾气腾升，旭日东升，云锦飘忽，轻纱披身，大有幻入仙境之感。是为"云岚"。晴朗之日，登临山顶，放眼远望，奇峰罗列，支脉沉浮，轻舟叶流。俯瞰山村，烟横谷口，鸟飞似点，大道如带。吴越湖山，尽收眼底，是为"晴峦"。

凤凰烟雨 位于西山南端缥缈村域内。凤凰，即为凤凰山村落。昔年此处村落有冯、王两姓，为冯王山。后冯姓迁移。相传常有凤凰栖息于村前湖边突兀之黄石上，故易名为凤凰山。凤凰山长条形，两头高，中间低，犹如古代妇女发髻上的一枚绿色如意玉。村落坐落在坳地之中，望东是湖，望西也是湖。湖风习习，凉爽宜人。冬日晨昏，水雾升腾，村落似乎笼罩在一件薄纱之中。细雨蒙蒙之时，炊烟袅袅，村落朦胧，苍山隐约，是为"凤凰烟雨"。今有夫椒山路穿村而过，景致已失。

甪里梨云碑

甪里梨云 位于西山西南端甪里村域内。昔年，甪里一带遍植梨树，品种众多，有蜜梨、张公梨、白梨、黄梨、大柄梨等。每当谷雨时分，漫山遍野，梨花绽放，如云似雪，是为"梨云"。清吴时德诗云："时逢风雨中，花发高士境。游人倚棹看，湖光增一顷。"清人郑伯诗有"甪里梨花密似云"之句。清光绪间，甪里郑氏二十世孙郑炽昌曾题刻碑文："甪里梨云。"民国时期，因梨价低，村民改种橘树，梨花消失。2000年，于村域马家门前复植百亩梨树。梨花盛景又见一斑。

甪角风涛 位于西山西端衙里甪嘴处。甪嘴山上昔年植有大片松林。秋风起时，湖面白浪翻滚，涛声激越；山上松林摇曳，呼呼作响。站于此处，观涛听松，似金戈铁马，厮杀阵阵，令人热血沸腾，豪情顿生，是为"风涛"之景。今甪嘴松林去半，但涛声依旧。

西湖夕照 西湖，即西湖山。位于堂里村涵村域内，因与东村域内东湖山相对而得名。海拔 100 余米。山顶平坦，有西湖寺、西湖池等。池称"海眼池"，水域面积约 170 平方米。池旁有黄石，石上有李根源题刻："海眼池。唐白居易题有诗，民国己巳夏李根源来游书。"太湖起波浪，海眼池也起波浪。故又称"小湖"。夕阳西下，池中落日，金光闪烁，霞光灿烂，云彩锦绣，美不胜收。站于斯顶，山湖奇景，令人心旷神怡。今景尚存。

横山旭日　位于横山岛游龙顶上。清晨，旭日东升，霞光万丈，山色水光，一片灿烂。站于斯顶，观红球穿出薄云，洒下万道金光。此时，群岛入目，波光熠熠，湖鸟翻飞，轻舟荡漾，着实醉人心扉。今景尚存。

新景

林屋梅海　位于林屋洞西，因傍林屋山而得名。有梅林数百亩。每当梅花盛开之际，雪白耀眼，光映长空，暗香浮动，沁人心脾，蔚为壮观，为中国最大的赏梅基地之一。梅林内小桥流水、亭榭碑廊、荷池石座、修竹假山，可观可息可嗅可品。赏梅季节，摩肩接踵，热闹非凡。

庭山帆影　位于大庭山东南面湖上。沿湖边有数百亩芦苇，芦苇外停放 18 艘五桅帆船。近观芦苇青纱，翠绿摇曳，渔船扬帆，似欲破浪远航。远看禹期山石柱高耸，水乡渔船，湖光山色，令人着迷。

岭东玫瑰　位于镇南缥缈村岭东南部湖边。玫瑰园建成于 2017 年，植有 6 万株玫瑰，为保加利亚的大马士革和丰花两个品种。另植有观赏月季安吉拉、夏令营、红黄粉等 10 多个品种。花开季节，暗香四溢，花光一片，蜂飞蝶舞，游人如织。

金铎风铃 位于西山北部金铎岭脚下沿湖边。金铎，传说因昔年吴王埋藏祭神的金铎而得名。湖边有太湖石，千年浪冲，形成"十二生肖石"之奇观。金铎岭海拔 100 余米，与绍山、阴山、叶山等诸岛隔湖相望。该项目从"生态修复＋文化创意"角度出发，为保护原生态太湖石地质瑰宝遗存，以"风铃"活化金铎主题文化。景致有草坪等，是游客观湖、登山、休闲打卡的网红地之一。2024 年 3 月于此举办"太湖村咖节"等活动。

水映长滩 位于西山西南衙甪里村太湖边，俗称甪里大圩。1968—1973 年，村人围浅滩筑堤而成，时种植水稻、

岭东玫瑰园

十二生肖石

桑树等作物。1977年，水田被淹，改为渔业养殖。2010年起，堤上种植水杉，形成生态湿地。水湾波曲，杉木成林。春夏肥绿，秋冬转红，白鹭翻飞，别有一番景致，是为"水映长滩"。

屠坞竹海 位于西山北端里屠坞村。屠坞，因是南渡屠氏迁居地而得名。坞内坞外，遍植竹子，为镇域内竹子最大的种植基地。2022年，基地被辟为"里屠坞艺术村"。来到这里，坐于竹林间，可观竹、听竹、读竹、品竹；徜徉于山道林间，可吸新鲜之空气，听鸟儿之啼鸣，望远山之苍翠，是为雅静休闲之佳处。

屠坞竹林雅座

湖湾花语

西山新景,除了以上这些外,还有东村的"湖湾花语",元山村、天王坞内的"小九寨沟",庭山村东湖边的"太湖花海"等。

天王坞里的那些事

　　天王坞位于金庭镇北部大昆山脚下坞里村域内。坞三面环山,北面通植里路。进坞为一条 2023 年建成的通道,路面宽约 6 米,长约 2000 米,为吴中区"登山健身步道"之一。坞底西南坐落,坞口面东北方向。

　　中华人民共和国成立前,天王坞不叫天王坞,而称桃花坞。桃花坞之名,一说传为晋代葛洪来此炼丹隐居植桃而得名。里人辈传,葛洪炼丹数年,丹药渣淬成丘,其后丘上长出灵芝,夜晚闪亮发光。葛洪于此炼丹的故事难辨真假,其后裔留在了金庭,传下葛氏一脉却是真真实实。另一说桃花坞得名于隋唐。至于桃花为何人所植,已经无考。

天王坞登山步道

唐大中元年（847），有僧惠信至坞内，回望四周，见层峦叠嶂，或俯或伏，或偃或立，或蜿蜒如虬龙，或飞翔若鸾凤。山间溪流潺潺，林间鸟鸣虫唱。于是决定结庵而居。坞离湖水较远，于是掘井获水。凿井竟得一尊铜天王像。这尊天王铜像，是惠信故意为之，还是葛洪时留下的，或他人所为，已经不得而知了。僧人大为惊奇，报与朝廷。"刺史庐公达于朝"，于是寺庙被赐额，曰"护国天王禅寺"。皇恩浩荡，地方官府、绅士、信徒纷纷援手，扩建天王殿等佛殿。

咸通九年（868）诗人皮日休游学苏州。游玩太湖，慕名至桃花坞，但未见桃花盛开之景，慨然道："坞名虽然在，不见桃花发。"兴许，那时的桃花已经废植了。

宋室南渡，太湖诸岛遭遇兵燹，天王寺荡然为一瓦砾之墟。淳熙间有僧妙成重开山鼎建，扩展寺域，规模比原来的还大。元末明初的文学家、诗人高启游玩西山，写下《天王寺》云："深寺隐桃花，幽幽在山阻。诸天藤萝外，昏黑路防虎。闻说春时游，辛夷花可数。"那时的桃花坞内引人注目的可能只有数株玉兰花。

到了明代洪武年间，天王寺又遭到了毁灭性的破坏。寺庙荒芜，杂草丛生，地基已被百姓耕种，古迹荡然无存。时间到了明宣德间，浙江有一位叫一月的僧人路过，见天王寺如此败落，十分痛心，他决定留下来。他搭建了茅草棚，节衣缩食，寒暑化缘，终于建起了法堂及卧室。正统戊午年（1438），吴县陆舍村（今吴中区临湖镇域内）一位俗姓查、法号德昕的上人来到了天王寺，当上了住持。他决定重建寺庙。因而披星戴月，吃苦耐劳，节衣缩食，获得了里人的好感，大家纷纷捐资捐材，使其先后建起了大雄宝殿、住房、厨房、浴室、仓库等。殿内三世佛、十八罗汉等诸像，金光闪闪，辉映林谷，"蔚然成一丛林矣"。天王寺一时声誉隆起，香火更旺。僧人在坞内种植松树、枇杷树等。

明万历二十七年（1599），明代文学家王思任游玩西山，去天王坞内转了一圈，见寺前松树，认为差逊慈里花山寺之松，但枇杷花香弥漫，沁人心田。明天启二年（1622），诗人陶望龄渡太湖，游天王坞。见坞内植满橘橙，数百亩间，没有杂树，且长势喜人。与僧人一番交谈，方知是他们管理。

明末时，官吏姚希孟也来到天王坞内，满目所见的是松林一片。兴许崇祯年间的几次大旱，使坞内的橘树枯死大片。寺内的大殿颓然，已非昔比。坐在华藏阁，独独一面能见山，东西两面没有窗，姚希孟觉得很是遗憾。

清朝起，天王寺更渐渐败落。至民国时期，李根源先生游玩时，殿塌其半，佛像露坐。天王殿亦破败，已经没有奉香火的人。僧分四房，约八九人。人各顾本房之产，置主殿于不问……

1950年，土地改革。天王寺四房七个和尚迁往罗汉寺。庙产归为国有，辟为江苏省园艺场。1958年，拆除天王寺大殿，在外屠坞建造建设农业中学。园艺场产业为建设农业中学管理。1969年，建设农业中学停办，学校与建设中学合并，迁至水月坞。园艺场由西山煤矿副业队管理。为解决坞内水源问题，1970年冬，在坞底兴建水库。1972年12月，园艺场易名为金庭林场，隶属金庭乡。1973年坞内水库竣工。水库集水面积1.3平方千米。集水圩长110米，高出地面10米，库底宽84米，水深9米，最大蓄水深度17米，库容20万立方米，可受益面积1.6平方千米。1973年2月，有员工36人。1986年，上海沪东造船厂在坞底建成疗养院。今疗养院已经荒废。

2024年，笔者走进天王坞，看了看天王寺的遗址，那古井、古银杏树、古莲础及部分建筑还在。林场大门有门牌：东河坞里（3）沈家场77号、77-1号。另挂有两块牌：一是吴中区西山中心小学德育实践基地，一是苏州市西山碧螺春茶叶购销站·碧螺春茶叶生产基地。入内见传达室墙壁上还留着当年管理的印记，抄录如下。

安民告示

根据林场规定：

1. 凡本场茶、果、苗出产前后，一律不准进规定地段割草。

2. 发现偷吃橘子，抓住一次，罚款2—10元。

3. 上山偷柴，拿花果树枝、松枝，罚款5—40元。

4. 自告示出示之日起，违反以上规定罚款，本场职工加倍处理。

金庭林场
1980.8.27

进内见林场昔日负责人陈卫荣。老陈进驻天王坞林场已经50余年。他告诉笔者，林场还是林场，属于集体产业。原来为金庭人民政府直属领导，1987年后变为西山镇农林服务站直接领导。老陈他们管理的林场基本实行自负盈亏。目前有四人。他说，他们要管理的房产有七八间，其中含天王寺原东房和尚居住生活的五间。

天王坞内除了有西山镇农林服务站领导下的林场基地外，还有果农们的承包地，有民宿（追宿天王坞），有西山农业园区的产业基地（承包给了苏州晒庭春茶业有限公司），有天王茶果场，还有金庭镇森林消防专业队营房（2023年迁入）等。值得一提的是天王茶果场，已成为农业种植与文旅产业融合，以茶文化科普、民宿体验休闲旅游为内容的共享农庄。2023年，被农业农村部农业生态与资源保护总站、中国农业生态环境保护协会评为"国家级生态农场"。

天王坞昔年以天王寺而雄，以桃花而艳。岁月流逝，万物更新。如今的天王坞以碧螺春茶叶基地闻名，也以天王坞水库为美，有"小九寨沟"之誉。青山环绕，茶果满坞。水库清澈碧绿，犹如绿宝镶嵌。水涵碧空，花香流动，成为游客网红打卡点。

天王坞

涵村与孙坞的故事

涵村与孙坞，位于缥缈峰景区旁。为堂里行政村中的两个自然村落。涵村，因山碧水涵得名。又名大陆里，因陆氏一脉居住而得名。孙坞，因居吴国孙坚的后裔得名。涵村临湖，孙坞依山，两个自然村落一前一后，紧连一起。

两村落临湖藏坞，兼得山水风光，实为隐居的好地方。相传，北宋之前就有人居住了。南宋时，因望族陆氏落户而渐渐兴旺。陆氏，源出汉吴县县令陆烈之后裔。清《陆氏世谱》云："益之公讳询者，始徙包山之北，曰大陆里，

涵村古店铺

又曰涵村。盖询为包山之始祖。"迁山时间约于宋末。陆氏在元代时出了位水军万户,显赫一时。随着陆万户的隐居,轿役、吹鼓手等一大批佣人跟班也在村中安居下来,并随主人姓陆。涵村的人口多起来。至明清时,商店豪宅林立。及至今日,还留下了明代时的店铺。2001年,古店铺被列为省级文物保护单位。

涵村、孙坞人杰地灵,英才辈出。明代时,涵村出了四位重要的人物:陆鏚、陆元大、陆治、陆文组。

陆鏚（1436—1503）,元万户裕甫后裔。《思静处士陆君墓志铭》载:"处士鏚,字汝安,生有至性,考尝坐冤下狱,尚少也,即洒泣,思雪父冤……人称其孝。景泰天顺间,岁饥,山中尤甚,处士约其俦,乞籴于淮西,归而散诸里。数里之中,民无菜色,推总乡赋,乡赋以平。每有司发粟,赈饥山人,涉湖至城,复不时给,民转困。乃请置仓于山,以时敛散,民甚便之。"陆鏚不仅全力救济灾民,还出资助民挖掘泉源,用以灌溉庄稼。陆鏚善学,精通医道,常免费为人诊治。其德行闻名遐迩。卒后,王鏊为其撰墓志铭,祝允明为其书文。今碑在水月坞内。

陆元大 明代涵村人。名涓,以字行,号洞庭山人。性疏懒,好远游,喜吟咏。成化二十三年（1487）,杨循吉曾书赠其诗。酷嗜藏书抄书,曾借宋九霞宋刻本《云溪友议》校其钞本,知刻本讹舛反多。晚年经营书坊,笃论词华,驰心唐艺。

陆治（1496—1576）,明代涵村人。字叔平,号包山子。祝允明、文徵明弟子。诸生。倜傥嗜义,以孝友称。少喜出游,晚隐居。种菊于支硎山。好诗古文辞,能词

思静处士陆君墓志铭

思静处士陆君墓志铭

處士陸君墓志銘

處士陸君墓志銘者先蕃行其先有為元萬戶者諱裕甫萬戶生永定永定之士嗣晟嗣晟生嗟瓜瓜之士之考虞士諱鎡字汝安生有至性考嘗壁下燃畚理出卹淵渢渢甏覽父景泰天順閒歲饑山中无餱糧又一年始克達京師至備於人日給食疏上符郎阵里數里之父櫃其季景泰天順閒歲饑山中先嘩處士約十三歲至淮父母歸而散諸里中民無菜色惟總辦賑臣平每有司發粟賑饑山人涉湖至城復不時給民籍國乃之有田歲苦旱蝗作洽倫曾置賈曰吾思静呂自供祀旦袱乃解從弟此夫兄昏吾尊此源道之歲溝田與宗人歲時談樂倫會曾一日吾萘有中置倉于山莊垔昏卹與宗人歲時談樂處士生正統元年正月四龕曰此吾長廷且示後世無忘所諱處士時亦在其二十及家正月十三日卒皆林六十有八未卒之日吾料仕未期辴然而卒處士素有出一月吾當逝矣即鳶休肩女得婿利人買於為義畧言葺曲阜之館人坐事將黻安翰官處士時亦約卽為佚齋女得無乃卜兔於潤筦子曼行利人買義畧葺曲先生之側銘曰君子不隐賑於鄉大曰義士晚役於山人曰掯人我銘其藏臣示不泯

經筵講官詹事府少詹事兼翰林院侍讀學士東山王鏊譔文
東閣辭貢進士太原祝允明書丹江夏黃沐篆領河間章洁勒石

花溪渔隐图

曲。善行、楷书,尤擅画山水,花鸟以工笔胜,与陈淳并重。传世有《花溪渔隐图》《三峰春色图》等。

陆文组 明代涵村人。字篆甫,一作篆父,别字子篆。始为贾,弃商就学。家贫乐道,至性高逸,以词赋称才子,落拓江湖为山人。诗学王维、孟浩然,时称其诗中有画,陆治画中有诗。万历十三年（1585）参与校《唐诗纪》。次年于吴江与沈季文、沈瓒、祝永年、顾孟林、王叔承等结诗社。著有《北山篇》《白门草》等。

涵村、孙坞因自然风光而闻名遐迩，也因人文相聚而留下美谈。明代诗人谢晋因慕其名，来到涵村，写下《涵村》诗："涵峰湖水水涵村，屋宇参差瓦若鳞。樵子息肩忘谷暝，渔郎鼓枻爱山春。人烟集处虽成市，巷陌行来却断尘。四

涵村道中诗碑

海欣逢尧舜理,此中应有葛天民。"文徵明的爱徒陆治就出生在这个山村里。晚年闲暇时,文徵明常常携朋带友来到涵村,住在徒弟家中。画画,吟诗,过些悠闲自得的日子。其间写下了《涵村道中》诗:"宛转层冈带远岑,梅花粲粲竹深深。人家尽住苍云坞,拄杖时穿玉雪林。风墼声传千涧雨,晚山青落半湖阴。刚怜百里城关隔,终岁不闻车马音。"今有碑刻,碑阳为文徵明《太湖》诗,碑阴为其《涵村道中》,碑高1.77米、宽0.9米,藏大同市博物馆。文徵明太喜欢这里了,雪白的梅花、青翠的竹林、潺潺的溪涧、苍茫的远山,坞深村幽,远离尘世,没有喧哗。心的宁静与村的静谧交融于一体,多好。他曾做过翰林院待诏的官,人称"文待诏"。住得久了,村人见之,也称其"待诏"。后来,坞名也就得了"待诏坞"的雅名。

待诏坞的来历,一说与行业密切相关。至今,待诏坞内还有两组吹鼓手班子(总计五六人),专办丧事礼仪。一旦有人家办丧事,需要超度,便请他们前往。没事在家务农,等待召唤。此为"待召"。这个行业的传承源于元代万户陆裕甫的跟班吹鼓手。民间还流传着这样一个故事。有一天,孙坞内来了一位讨饭的叫花子(仙人所化)。他来到一户陆氏吹鼓手人家,问:"年轻人,您想给人吃饭,还是想吃人家的饭?"小伙子没有听出话中之话,脱口说道:"当然想吃人家的饭了。"叫花子摇了摇头,转眼就不见了。小伙子一脸迷茫。其实,他不知道,叫花子是位仙人,他的意思是,你若给人吃饭,即可世代为官(官可造福济民,给人以衣食);你若想吃人家的饭,即为待召(等待人家召唤上门办事吃饭)。小伙子一番不假思索的话,传承了一个行业，但失去了后裔为官的仕途。传说自然没有根据，但行业至今却流传了下来，并在金庭出了名。

被称为待诏坞的地方又名孙坞。昔年居孙氏后裔。元人张养浩撰《洞庭西山孙坞伯徽陆公夫人孙氏墓记》云，陆夫人父孙良，生活在南宋嘉定间，系孙坚三十一世孙。当年，孙坚的后裔到了西山岛，隐居在缥缈峰西南脚下的一个山坞里。孙良生了一个女儿，"幼娴四德，允称淑媛"。女儿到了婚嫁时，坞内来了一位游学的英俊公子，他叫陆伯徽。陆家与孙家是故交。陆伯徽先祖是陆逊，曾为东吴大都督。父亲陆象山，进士，为朝廷柱石。陆伯徽自己是个迪功郎，虽然官职不大，但风流倜傥，颇有才华。孙良见之，几番交谈，觉得颇有渊源，于是将女儿托付给他。但婚后不久，陆伯徽就离开了孙坞。其时，孩子尚在襁褓中。陆伯徽虽然有些不舍，有点过意不去，但他生性好游，毅然而走。走时，留下遗训一篇。大意是孩子你能懂事，坚守操守，我在外游学就没有后顾之忧了。你没有嫡亲兄弟姐妹，与你母亲相依为命，应当极力尽孝。我们家族众多，或有骄侈于富贵者，怕你不守耕樵，而想荣华富贵。况或有不肖者，凌以嫡庶之分，你何必徒取辱哉？你须思，外始祖孙坚遇黄祖之难，虽继孙策公之威震江东，而今安在哉？你莫若采山钓水，循天理，锄月耕云，守素心。希望你能体会为父的一片苦心，牢牢记在心中。陆伯徽从此没有回家。孙夫人励志操守，慕孟母之贤，追大家之训，教子成人。子澳（召父）及长，也遵父遗命，不求仕进，远矜骄，守素风。母贞子孝，韬晦山林。

明清至民国时期，孙坞内约有七八十户人家居住。20

世纪60年代后期，随着山下大道的开发，坞内的居民渐渐移居至坞口，与涵村相连。至2024年，真正意义上的孙坞，就只有一户人家了。坞内颓垣断壁，杂草绕屋，涧潭流水，果树一片，依稀可辨昔日的繁华。

涵村、孙坞以陆氏为主，陆氏的来源主要有三支。其一，陆询之后裔；其二，随主改姓为陆；其三，入赘孙氏的陆伯徵之后裔。村民以种植花果为主，兼营民宿、商贸等。

涵村的古迹除了明代的古店铺外，还有数方古碑及一幢树德堂古宅、一条长长的溪涧。2022年12月，涵村被苏州市人民政府列入古村名录。

小雷山上的一些事

小雷山位于太湖之中,为太湖七十二峰之一,海拔19米,面积约0.03平方千米,是个无人居住的小岛。岛上杂草丛生,没有茶树果木。山多美石。唐白居易有《奇章公记》,以太湖石为第一。《太湖备考》载,"小雷山,《太湖志》:'在洞庭山西南。'《乌程志》:'在县北三十八里,去大钱口二十里,无居人。山侧有矶,曰小雷矶。'右属乌程县,与江南吴县分界"。小雷山旧属湖州乌程县。今属吴中区金庭镇。

小雷山曾有一庙,传为渔民所建。至清时已经破旧不堪,但仍有佛殿一二间,可为湖中急难之人避避风浪。这个避难之所,诞生了一个惩恶的故事。故事来自清翁澍撰写的《具区志》,说清代时洞庭山消夏湾里居住着一位蒋举人,此人考科举不成,经起了商。但为人十分吝啬,像只铁公鸡。他敛财如命,吸人骨髓,积累了很多财富。结果却遭到了报应。或许他的"声誉"被盗贼们知道了,强盗们到了他家,问其金银所在。蒋举人死活不肯说,结果被盗贼们痛打一番。最后,强盗把蒋氏之物,罄其所有,席卷一空,装满小船,往太湖小雷山方向逃去。

小雷山荒无人烟,只有一间破祠。群盗乃泊舟其下,全部登岛去祭祀,求菩萨能保佑他们避开太湖游击兵营的巡逻来分赃。但菩萨是不会保佑作恶之人的。盗贼们祭毕,"酣饮大醉"。但等他们酒醒,没有想到不见了船只。舟师

小雷山

截缆以去,扬帆捩柁飘然长往。盗贼们急得直跺脚,却又无可奈何。太湖中经过的商船,知道他们是盗贼,也不敢接近。当时是天寒地冻,这帮盗贼就这样被活活冻死在岛上。人们知道庙宇内死了盗贼,过路的商船、渔民从此几乎不再上岛。小雷山就这样荒芜着,只有成群的水鸟(野鸭等)栖息过冬。

时间到了20世纪70年代,全国各地掀起了大办企业的热潮,西山岛衙里大队也不例外。办企业要找门路。衙里大队的干部找到了时任吴县铜矿矿长的鲁荣帮忙。鲁荣是衙里大埠里人。一听大队干部的来意,乡里乡亲的父母官,自然得帮忙。于是说,小雷山上有萤石可采,石子可以卖给吴县钢铁厂炼钢。经过鲁荣的牵线搭桥,衙里大队组织社员上了小雷山。小雷山靠近衙里大队,民间有"衙里出港口,四九到小雷"之说。意思是衙里距小雷山约为三十六华里水路,乘机帆船约一个小时就可以登岛。当年社员凌家华、大队支委邹昌义等十余人就在小雷山驻扎了下来。上小雷山的时候,吴县某矿矿长带着技术人员一起上山勘察过,若萤石多的话,准备与衙里大队一起开采。但经过一番考察觉得数量不多,就让给了衙里大队单独开采。开掘了七八年(约至1982年年底)就停产了。小雷山萤石的开采,提高了衙里大队的经济收入(时1吨萤石为80—90元),令人欣喜。但开采过程中凌家华因意外牺牲,至今还给村人留下痛点与叹息声。

小雷山采石工作停产后,至今依然荒芜着。

2017年,笔者因为编写镇志,对隶属于金庭镇的湖中岛屿要进行踏勘,于是去了一趟小雷山。那是11月15日的上午,快艇在湖上飞驶着。远远看去,小雷山好似一只巨大的乌龟浮在湖中。当我们快接近的时候,岛上呈现黑黝黝的一片。快艇更近些时,突然,无数只黑色的水鸟冲上天空,黑点如云。驾驶快艇的师傅告诉我们:这是水老鸦,每年有成千上万只在这里栖息过冬。当水老鸦飞走了,眼前居然呈现出一座白色山体。笔者以为是一座石灰岩岛。当上岛走近看,方知是一座黄石山,那白色竟然是鸟粪染的。试想,万千只水鸟在这里大便,经年积累,白色的粪便"装饰"了黄石,与其混为一体了。这也是一种生态奇迹。

  小雷山由于当年的开采,已经被劈成两块。南边山顶杂草、杂树多,湖边有少许芦苇;北边山顶为蕨类,山壁悬空,采石痕迹明显。山上立苏州市气象局站标志:"苏州市,太湖小雷山站,建站时间为2005年1月。"另有国家测量标志牌,2007年为苏州市国土局所立,书:"测量标志,受法律保护,破坏必究。"落款为江苏省军区司令部、公安厅、司法厅、测绘局。2020年11月,小雷山上又多了一块牌子——小雷山苏州市吴中区人民政府。管理:吴中区金庭镇人民政府。电话:0512—66271940。

说说元山

元山，位于金庭镇的东北端。原作鼋头山、鼋山，因山似鼋头入湖而得名。后简称"元山"。宋范成大《吴郡志》载："鼋头山，一名鼋山，在洞庭西山之东麓，有石闯出如鼋首，相传以名。"明王鏊、清蔡旅平均有登元山诗作。

元山以产青石闻名。一山皆青石，温润光莹，叩之琅琅有金玉声。唐朝时期，曾大量开采。宋徽宗时，被作为贡品。清翁澍《具区志》载，宣政间，朱勔力欲取之，不能得，乃碎其首。

青石历史上为江南重要的建筑材料之一。江南地区许多豪宅、桥梁中用的基石、柱础、梁柱、寺庙、家庙里的碑刻、雕塑等，皆取自元山的青石。

青石分为旱石与水石两种。旱石，埋于山中，形状多样，质地较为坚硬，击之有声。元山之石，可碑、可柱、可础。水石，沿湖而生，经过千百年太湖水浸淫与风浪啮咬而成，或如翁媪，或如禽鸟，或似走兽，或似刀剑，形状万千，奇特无比，具有"皱、漏、透、瘦"的特点。

元山沿湖及域内的大小谢姑山，是产太湖石的重要区域。有史可据，闻名江南的四大奇石玉玲珑、绉云峰、冠云峰、瑞云峰就产于这几座山上。宋时，朱勔赂贵人以花石得幸，时时进奉，谓之"花石纲"。采得鼋山一石，长四丈有奇。又创造大舟，费钱八千缗以献。但当时河渠淤浅，

谢姑山遗址

瑞云峰

重载不前,就绘图以进。被徽宗赐名为"神运昭功"。后诏置于艮岳。

大小谢姑山献出了太湖石后,几乎被夷为平地,但青史留名。民国时期李根源先生《吴郡西山访古记》云,过谢姑山,织造府之瑞云、留园之冠云诸峰,皆掘取于此。今虽秃然童然成平土无一石,而所产者已穹立千石,名满寰宇。谢姑山其亦足以自慰耶。

今去大小谢姑山(位于金满庭农业园内)看看,那开凿的印迹依然十分清晰,那黝黑的石根依然放着晶莹的光亮。你看着它,它似乎能放射出骄傲的光,并诉说着昔年的辉煌。

民国时,李先生走遍元山,见全山悉凿空,浅者数丈,深者数十丈。除囤山外,无一不在开采之中。苏锡各属之石灰厂、上海建筑马路之碎石,均取于此。

元山之石,因以质地闻名,引来开掘者,亦招来偷盗者。凿好的石料,不时会被外地的盗贼偷走。如何防贼,开采人极为苦恼。一日,有位石匠凿了一尊佛像,给了管理者启发。何不凿些人像立于湖边港湾处,作为看护者迷惑盗贼呢?于是,大家在运输石料的那条港湾处凿了多个石人像。夜晚昏暗,星光下远视,隐隐约约似有人在站岗。偷盗者疑而不前。石人浜(又作石宁浜)地名由此而来。

中华人民共和国成立后,随着各地建设的需求,采石业更盛。1958年,在元山建县属全民所有制的采石企业——震泽县西山矿石公司。元山的青石再次被大量开采。域内百姓的生活较之西山其他村域富裕得多。其时,

元山村

流传"要吃要穿嫁元山"的坊言。20世纪七八十年代里,元山大队成为金庭乡最富裕的大队,元山人也成了姑娘眼中的"香饽饽"。

元山,除了以石而名外,还出了一些名人,如举人李镛、僧人陈祖庭和商人柴氏、朱氏等。

明代李镛,家境贫寒,父以采石为业,母为人家帮佣。李镛少小爱学习,后中举,官至江西安远县训导。当地出了位举人,乡绅、族人们十分高兴。于是为其立登科坊,彰显其荣。清翁澍《具区志》载:"登科坊,在鼋头山姑苏乡。景泰间为举人李镛立。今废。"

僧人陈祖庭,元山陈氏之子,于佛学方面很有建树。他童年时不吃荤,一坐若禅定。少年时出家虎丘,为石庵和尚行童。洪熙间给牒为僧。宣德初诣杭州昭庆寺受戒,依师住灵隐，往天目礼祖塔。参习一载，刻苦用功，极有心得。去拜访懒云法师剖露心法。懒云大喜，赞赏不已。祖庭著有《空谷集》三十卷。自作塔铭于武林西湖之修吉山院。

民国时期，外出经商的元山人近二十位，其中有位柴氏商人，1912年经商湘潭，与韩、罗两位商人创办了金庭会馆，馆内办起了学堂。该校传承至今已成为湘潭市著名的"金庭学校"了。另有两位值得一提的是朱氏商人，他们为西山的交通便利作出了贡献。一位是朱德福，另一位叫朱长兴。1927年，朱德福与上海浦东商人合办一艘轮船，名为远北轮，每天由镇夏、元山，往胥口、木渎、横塘、胥门，往返一次。1935年，朱长兴先后开办了两条航线。一名大新鑫，航线为东蔡、镇夏、元山至苏州，每天往返一次；另一名小新鑫，航线不定，伺机而开。中华人民共和国成立后，先后成立了木帆船业公会、木船运输合作社、苏州客运公司等。元山依然为进出金庭的重要轮船码头之一，其客运也延续至20世纪80年代末期。

为保护生态环境，元山的采石业，至2004年终于画上了句号。采石者的后裔开始了花果业的发展。但数千年的开采使元山伤痕累累（域内囤山因有五老爷庙宇而幸存）。其深深的宕潭，碧水一片，成了山中之湖，又以另一种景色呈现于世人的眼前，被游客们称为"小九寨沟"。那轮船码头也随着太湖大桥的开通而成为一段人们回忆的历史。只有元山的陈氏、柴氏、金氏、叶氏、蒋氏、秦氏等后裔们，走出了村子，走得很远，有些人已成为全国行业中的佼佼者了。

钱穆先生为何落葬在俞家渡石皮山？

钱穆先生是无锡人，如他所述"余生江苏无锡南延祥乡啸傲泾七房桥之五世同堂"，其生前在台湾，按遗愿去世后叶落归根。但百年后为何没有回归故乡无锡，而落葬在金庭镇秉常村俞家渡的石皮山上？近年来，笔者陪着不少仰慕钱穆的后学祭拜先生时，他们常常这样发问。

石皮山位于金庭镇秉常村四墩山的东南下，因山体表层为山石而得名。山体不高，海拔60多米。四周青山一片，唯独这里是一片很大的石块山体，光秃秃的，没有树木，也没有什么泥土。站在山上，放眼远望，港湾、房屋掩映，山林翠绿延伸至湖水。晴日，可见湖中小岛。四周静谧，偶有鸟鸣声声。一代国学大师钱穆先生就安葬在这里。

说实话，如果钱先生不安葬在这里，或许鲜有人会知道这个地方。虽然俞家渡是新石器时代人类活动过的发现地，但了解的人不多。石皮山于西山更是寂寂无闻。那么，钱先生为何会安息于这里？钱辉老师在《两代弦歌三春晖》中告诉了答案。她在《落叶归根》一文中这样记述："父亲要归葬故里的遗愿，经新闻媒介的传播，引起了许多人的关注。""我在父亲身边生活的日子太少，一向未能尽孝。为实现父亲的遗愿，我决心辅助继母在太湖之滨觅一方土地，作为父亲最后归宿之所在。吴县有十几个乡镇在太湖边，要找一个依山傍水的地方实在不难。"钱老师首先相中的是胥口乡墅里村的渔洋山。

渔洋山依山傍水，风景这边独好；相接太湖大桥，交通极为便利。钱老师向继母汇报后，"继母说，虽然依山傍水，但那里不一定是个适宜读书的地方，那里将日趋繁忙而渐失清静"。

为尽快落实钱先生的遗愿，钱夫人于1990年11月下旬亲自从台湾到了大陆"找地"。11月24日，他们到了西山，游玩了林屋洞和石公山，十分尽兴。"继母有感于西山的自然风光、人文景观和淳朴的民风，很觉得安慰。当晚，西山镇三位主要领导来住处小谈约一小时，他们的诚恳与友善，也给继母留下深刻的印象。25日一早，镇里一位副书记领我们游罗汉寺，然后去四墩山选地。"那天，他们在四墩山仅停留了两三分钟。但如画的风景使钱夫人留下了深刻的印象。11月27日，他们又去无锡市马山区看看。"在一个被称为'龙头渚'的地方，四周环境极清雅，眺望太湖，湖面格外宽广。"应该说是个理想的安息之处。但钱夫人认为不妥，对钱老师说："这里固然好，却富帝王气度，你父亲只是一个读书人。"11月28日，无锡县的领导又陪钱夫人和钱伟长夫妇等一行去了鸿山。"鸿山并不高，但林木茂盛，油亮油亮，极浓的绿色富有灵气。山上有泰伯墓、梁鸿孟光墓……"鸿山又与钱穆老家七房桥很近。钱老师认为是个好地方。但她继母说："鸿山再好，这里却有古迹，你父亲一个读书人怎么可以去占一席之地呢？"

钱夫人和侄子钱伟长夫妇等一行人还去了东山，吴县的领导表示有一片果园的土地可以提供方便。遗憾的是果园离太湖较远，"远得看不见"。但钱夫人说："能见到湖也不能要,这里是公家的地,我们去用不合适。"

几处地方比较下来,钱夫人决定选址在西山俞家渡石皮山。"经再三推敲,继母决定的是西山俞家渡村的那块石坡地。"钱夫人后来说,在这里(指石皮山)所见的景象,与在沙田和风台五号所见相似。"而正是在和风台五号居住的八年中,父亲和继母曾在楼廊无数次地在观海、赏月时谈起过太湖,谈起过将来有一天能在太湖边建一小屋安度晚年。"

至此,俞家渡石皮山基本符合钱先生和夫人的心愿。其一,太湖边;其二,安静;其三,安葬地没有树木,不损害公家林地。

1992年1月9日,是钱先生的落葬日。那日,时为石公中心小学副校长的笔者奉校长之命,代表小学参加钱先生的葬礼,石公中学安排了副校长郑宁康参加。那天,参加葬礼的除了钱先生的子女和亲戚近二十人外,还有教育局副局长朱天晓、西山镇副镇长严士雄、新闻记者等十余人。侄子钱伟长和钱先生在台时的几位门生也参加了葬礼。众人先集中在山脚下钱家新建的小楼里,举行吊唁仪式,为钱先生点香鞠躬,然后一起往石皮山上参加落葬仪式。陪着钱伟长走向上坡,走到过半,钱伟长有点吃力了,他停下脚步,微笑着说:"老了。还是让年轻同志先上吧。"笔者朝他回了一个笑容,说"您慢走",就和其他几个人一起先上去了。

落葬仪式在一片庄严肃穆中进行。礼炮响后,众人恭恭敬敬地鞠躬,表达着对这位声誉卓著的爱国学者、国学大师的崇敬之情。其中,钱先生的门生更是礼数十分到位:

直身、跪地、磕头（头磕到地）、起身、再跪地、再磕头，如此三次。

2012年4月，钱夫人胡美琦来相伴了。一对恩爱的夫妇在太湖边的石皮山上永久地安息着。

话说东村敬修堂里的那位殷孺人

去西山古东村玩，敬修堂应是必去的古堂。有人评说，去东村不看敬修堂，等于没有去过东村。敬修堂于东村果真如此重要吗？笔者认为，这样的评述是有道理的。其一，声誉在外。敬修堂曾经为多部电视剧的拍摄地，如《庭院里的女人》《橘子红了》《凤穿牡丹》《风雨雕花楼》等。2000年4月，著名艺术家刘郎与著名画家吴冠中联手开拍艺术片，其中一集为场景就在敬修堂内。吴冠中还留下墨宝赠予房东戚延龄："守艺之家。戚延龄老先生留念。吴冠中，2000年4月30日。"其二，保存完整、体量较大。其占地面积有1866余平方米。前后有六进。分别为门厅、轿厅、茶厅、大厅、楼厅、后屋。围墙高大、完好。前后三个天井，以砖雕门楼相隔。门楼字牌完好无缺。第一进为"列缋连云"，第二进为"世德作求"，第三进为"功崇业广""美哉轮奂"。其三，雕刻多而美。门簪饰梅兰竹菊，门枕石饰凤、鹤、狮等，墙有砖雕"堂构维新"字额，砖窗有"福""寿"，落地长窗图案有花卉果子、禽兽鱼鸟、琴棋书画、渔船波浪，还有草龙等。雕刻细腻、精美，栩栩如生，可称艺术之殿堂。其四，有迷人的图案。古代，一般人家装饰不能雕刻龙凤图案，即使是官宦人家也不能。但敬修堂为何会在绦环板上雕刻着龙的图案？为何后宅会题写"凤起楼"三个字？难道该房主与帝王有着某种联系吗？

于是有人说，这里是乾隆藏娇的地方，藏的就是那位殷孺人。说乾隆下江南时遇见了那位殷姑娘，一见钟情，欲带回皇宫，但因殷姑娘是汉人而不得已，只能找个汉人赐婚嫁了。她嫁的人就是房主徐伦滋（1728—1757）。因为得了"宠幸"，所以造堂屋时可以雕刻龙，以示尊贵。云云。

果真如此吗？

我们先来看看这幢古堂。古堂建造于清乾隆十七年（1752），完工于乾隆十九年（1754）。有人说，房主是徐联习（1684—1753）（按徐联习的卒年，应该无力建造），有人说是张氏。宅主到底是谁？东村文化学者金戈影在其撰写东村概况时分析道：一、该宅主在乾隆年间旅湖、湘之间经商得法而富裕，因而在第四进门楼题额"功崇业广"。二、按地形、地貌等推理，该宅系张姓所造，因该宅坐南朝北，北边为张家山，东边为张家弄，在徐氏宗祠西侧为张家地。这里是张家的产业地块，为张家人所居。在清乾隆时，张氏为处士，造敬修堂工程耗时良久。居后数载，将该宅转让徐氏后裔。今所居六户人家，均不是原房主后裔，他们在土改时分得（原帮房东看护之老太已经去世）。里人众说纷纭，谁也没有依据。至今房主成了一个谜。

再来看看敬修堂里的那位殷姑娘。清大学士翁方纲撰《旌表节孝徐母殷太孺人事略》文中告诉我们，殷姑娘是吴县木渎镇人。她从小就受到良好的家教，"诸篇皆能诵习"。十九岁（1749）那年嫁给了东村商人徐伦滋为妻。徐伦滋聪慧机敏，做事果断，有父亲徐联习的风格品质。不幸的是，他英年早逝。此时的殷姑娘还很年轻。丈夫离世,殷姑娘悲痛欲绝,"欲以身殉"。但被姑泣劝,想想有四岁的儿子、家中的老姑,她打消了轻生的念头,勇敢地挑起了家中的重担。殷姑娘嫁给徐家时,徐家已十分贫困。"其始来作嫔时家徒四壁。"儿子幼小,老姑衰颓,又逢灾年,日子艰难。但"立夫子授徒于外,甘旨之。奉侍操作佐其半"。她对儿子明理的学习丝毫没有放松。"惟赖一身两目十指日纺织簹鐙,恒至丙夜,仅以获济遣明理就外傅读书,督责无少。"对其长辈,二十六年来一直没有亏待。儿子明理刻苦学习,精通医理,广交朋友,对母亲十分孝顺、尊敬,他了解了母亲辛酸的过往后,万分感激与崇敬,希望母亲的德行能让世人了解、景仰。乾隆五十二年(1787),殷夫人受到旌表。儿子明理感到十分骄傲。他在任武清县河西务主簿时,结交了清代著名书法家钱沣,使他拜书"旌表"。又拜访大学士翁方纲为其祖父徐联习写传记,为母写事略,翁方纲还留下了跋语:"吴门徐心田游京师,非志于名利也。盖以其祖东村先生行实及母殷太孺人节行嘱友为传述之。此心田平生心血所在也。予既为东村先生作家传,又为殷太孺人撰事略,一时贤士大夫皆为题辞,而昆明钱南园通政所题自为一册。心田以其未有余纸,复嘱余书其后,以识惓惓不忘之意。嘉庆二年岁在丁巳夏五月二日,北平翁方纲。"刘墉题"贞寿毓贤"。此外纪昀、冯敏昌、王昶、法式善、罗典、颜检、蒋棠、桂馥、戴衢亨等人皆有题字。这些所撰写的事略、诗文与题跋等,被后人刻在石上,计有二十多方,存放在徐氏祠堂内,惜多在"文化大革命"时期被毁。今徐家祠堂内存完整的碑刻有两方,分别为《徐氏

徐家祠堂

宗祠助银田碑》《东园徐氏祠堂碑记》；另有三方残碑，分别为《徐母殷孺人节孝诗碑》《徐母殷孺人节孝题词碑》（后者存村人马建英家）和《贞寿毓贤碑》。

  因为有这么多的名人题字，又有绦环板雕的龙，于是引发了人们的纷纷猜想。其实，若说乾隆皇帝下江南与殷姑娘相遇纯属无稽之谈。我们来看乾隆第一次下江南的时间是乾隆十六年（1751），他二月二十日抵达苏州，住苏州府行宫、灵岩山行宫，前后十一天。看看行程地点，似乎与在木渎镇的殷姑娘有"艳遇"的可能。但从殷姑娘的出嫁时间来看，他们是没有交集的。乾隆帝第一次来苏是

徐母殷孺人节孝诗碑

贞寿毓贤碑

绦环板木雕

1751年,而殷姑娘1749年已经出嫁到西山,时间相差两年。又若殷姑娘得了圣宠,金银之类是少不了的吧,何至于她过着艰苦的日子?总之,殷姑娘的旌表是源于她的德行感动了社会,得到了认可,儿子明理的努力使得这么多名家为之写传并题跋。诚然,敬修堂内的房主定然有着一定的财势与地位,但他究竟是谁?在建造时为何会雕刻着龙的图案?至今依然是个谜。

西山名泉古井今安在？

西山地处太湖之中，自古泉井较多，载入《林屋民风》的有十五处，另有载入里人徐开云《霖泉记》中的霖泉等。

无碍泉 位于堂里水月坞内。昔泉泓澄滢澈，冬夏不涸，酌之甘凉，异于他泉。宋李弥大有《无碍泉诗并序》文。今泉在新建贡茶院内。

毛公泉 位于毛公坞毛公坛下。昔色白味甘。唐白居易、陆龟蒙有诗文。今泉在，水不可饮，为村民农业用水。

石井泉 位于涵村严家山下（8）组103号南。泉出石板间而得名。今村人称为"师姑井"。泉昔有三眼，今一眼已堵。泉水清澈，大旱年间不涸。今泉水为村人生活用水，秋冬季时，有少数村人会饮用。

鹿饮泉 位于葛家坞笠帽山半山腰间。传为老寿星骑鹿而过形成。泉从山穴而出，水留三角形黄石凹处。昔水

鹿饮泉

甘冽，终年不涸。今泉在，泉上茶树一片，为村民承包地界。存有石刻"鹿饮泉，严焜书"六字。泉水不可饮。明蔡羽、王宠有诗文。

惠泉　位于金铎岭法华寺内。昔泉水为寺内和尚生活用水。今泉在。泉石上刻"惠泉"两字。泉水不可饮。为村民农业用水。

军坑泉　位于秉常村罗汉坞内。为两池潭。传为春秋吴王夫差驻军开凿。今泉池仍在。泉水不可饮，为村民农业用水。

龙山泉　又名石井，位于圻村大龙山石佛寺旁。泉出太湖石间，穴深丈余。岁旱不涸。若遇太湖水泛滥，湖水没井，井水不犯湖水。泉在修筑大圩时湮灭。

黄公泉　亦称"泉潭"，位于慈里徐胜坞北，今民宿依山伴宿（衙甪里村震建1组慈西94号）门前路西（牛场岭脚下，翻越牛场岭可通甪里曹家底）。泉水传为夏黄公炼丹用水。泉水清。泉旁有溪涧。泉煮后无"水衣"、无水渍留存。元代张雨有诗文。2000年前有青石井圈，分上下两个。上圈呈八角形，圈高0.36米、外圈宽0.55米。下圈仅剩两个半月，十分光滑。今下圈仍在，青石上圈已被盗。村人用水泥重砌井圈，为六角形。村人传说为当年夏

黄公泉

玉椒泉　　　　　　　　　　　玉椒摩崖石刻

黄公所挖。至今，仍为村人淘洗之用，偶也作为饮水之用。

华山泉　位于慈里华山寺内。昔泉水乳白甘美。其水有三源：虚泉、鉴泉、蒙泉。三泉因郑谷泉读书于上得名。唐宋以来俱有碑碣文志。今泉在，泉水为村民农业用水。

玉椒泉　位于西湖寺东一块凹地里。四周杂树荆棘丛生，见黄石题刻"玉椒"等字。泉潭在，深约1.4米，有微量泉水。

砥泉　一名紫云泉。位于缥缈峰腰。《林屋民风》载，在缥缈峰玄武宫西南。泉出石穴，不盈不涸。今宫无。松林杂树掩映。树旁有黄石，上刻"砥泉"二字，款为"乾隆丙午上元前一日"，"玉峰孙铨题"。泉出石块穴缝间，水下流之石板，石上凿有碗潭。蓄水量俗称"一口干"。水盈下流至一小"池"内，可容盆水。雨润季节，有泉水渗出。旱季无泉水。

隐泉　一名紫泉，位于林屋洞内。《林屋民风》载：水色紫。明代王鏊有诗文评说。泉在。泉水不饮。

乌砂泉　位于圻村（6）155号门前一承包地内。泉因

砥泉

汲水有乌砂沉底而得名。泉出石灰岩间，泉潭不深，仅为米余，从不干涸。昔年泉临太湖，泉旁有港湾码头。今已无。昔日井面已经被覆盖，覆盖高度约有 2 米。今见井圈为新砌。泉水不饮，为承包户浇树苗菜地之用。

石板泉　位于天王寺北（天王寺北昔有两井，今仅存一井，称桃花坞井）。被村人称为石板泉的位于大昆山坳内（天王寺西南方向，属东河社区坞里村沈家场村民承包地域）海拔 80 余米处，因泉从石板间涌出而得名。昔年村人上山

石板泉

砍柴，于此浸湿系柴的稻绳。渴为饮。泉甘。今为吴中集团租赁地块。蓄水为池，池水清澈，不饮，为农业用水。

画眉泉 一名如眉泉。位于明月湾石牌山。传为美女西施住明月湾时，于此以水为镜梳妆画眉。泉潭深不满尺，不溢不涸。泉在，水不可饮，为村民农业用水。2020年，泉潭旁立一石，刻"西施画眉泉"五字。

霖泉 位于消夏湾瓦山上。里人徐开云有《霖泉记》云："庙前有水一泓，深九尺，广四尺，曰'霖泉'。其名不知厥始。是泉也，去湖数武耳，色清若镜，味甘若醴，与湖水绝殊。揆其品，当不在惠山下也。"传此泉水有灵气，西山逢大旱，舀此泉水祷告，非常灵验。乾隆癸未（1763）吴中大旱，巡抚陈文恭于此取泉水祷告，即时大雨如注。徐开云《霖泉记》有载。此记文刻为碑石，立于瓦

画眉泉

山水平王庙内。惜碑被移出西山,仅存拓片。

除上述名泉外,另有古井,如东湾古井、杨家场饮马井、堵家地观音堂井、胡家地仙人井、后埠双井等。

东湾古井 位于东湾村口西古樟群南。村人说，此井为西山"两只半井之一"。井底有多个泉眼，大旱间不涸，福泽方圆数村。今井水鲜有人饮用，多为村民淘洗之用。井周水泥覆面，刻"东湾古井集资重修，公元1984年8月"等字。

杨家场饮马井 位于坞里杨家场25号西侧。传为吴越时吴王养马饮水之用而得名。井水清冽，大旱年间不涸。昔年福泽周围数村之饮。2000年后遭污染，水不可饮用，仅为村人淘洗之用。

堵家地观音堂井 位于堵家地观音堂前而得名。昔年地界为王中村。村人曾见过石刻。观音堂建于何年，已经无考。井水清冽甘美，大旱年间不涸。井旁昔有溪流小池，今填为路。此井为堵家地70%—80%的村民家所饮用。因声誉在外，30千米外的知情居民会隔天前来舀水饮用。此井亦为目前金庭镇唯一众多村民饮用之井。

胡家地仙人井 位于胡家地56号侧10余米处。昔年因井石上有脚印而得名。井水清冽甘美，大旱间从未干涸。1967年7月至11月，西山滴水未下，干旱严重，此井不涸，福泽数村村民饮用。今井水偶有人饮，多为附近村民淘洗之用。

后埠双井 位于后埠95号东南侧。井挖于南宋淳熙间，为徐氏所开。元大德间，里人蒋腾芳在双井上添建井亭。2001年，井亭被列为苏州市文物保护单位。井水清冽，为附近村民淘洗之常用之水，鲜有人饮。

除了上文所述之泉井外，西山各村都有公井、私井。今公井所存不多，而私井几乎家家都有。自西山居民接通

后埠双井

自来水后,公井、私井逐渐退出饮用市场,改为淘洗等用。20世纪70年代前可饮之泉井、溪流已经成为稀有资源。唯资庆寺内和尚因无力安装自来水管道而尚饮寺后涧潭之水。笔者闻之,喜之可用,怜之无奈。

樟坞方亭

樟坞方亭位于石公村樟坞小亭坞。该方亭为清代建筑，单檐歇山造，四坡小瓦屋面，面阔5.55米，进深6米，内三界前后轩做法。青石台基，四角设花岗石质方形角柱。檐檩与檐枋间设一斗三升牌科。歇山式方亭在苏州地区存量不多，具有一定的文物价值。2009年10月10日，方亭被公布为苏州市文物保护单位。

樟坞方亭

诰命

奉
天承運
皇帝制曰資父事君臣子篤棐躬之誼作忠以孝國家宏錫類之恩爾鳳兆論乃捐職州同加四級鳳
汝仲之父善積於身祥開厥後教子著義方之訓傳家裕堂構之遺茲以爾子克襄王事封爾為朝
議大夫錫之誥命於戲殊榮必逮於所親寵命用光夫有子尚宏佑啟益勵忱恂
制曰錫類揚庥恩不殊於中外循陔追慕情無間於後先爾蔡氏乃捐職州同加四級鳳汝仲之前母
家風肅穆內則嫻明嫟珮猶存春芳型之未遠柏舟欲報寸心於宿草章不煩用宏厚澤於新綸
為恭人於戲圖史有閲欲報寸心於宿草暴章不煩用宏厚澤於新綸隆爾殷氏乃捐職州同加四級鳳汝仲之母壹
制曰奉職在公嘉教勞之有自推恩將母宜錫典之攸隆爾殷氏乃捐職州同加四級鳳汝仲之母壹
範宜家凤協承筐之媺母儀貽毅載昭畫荻之芳茲以爾子克襄王事贈爾為恭人於戲彰淑德於
不瑕式榮象服膺寵命之有赫永貴泉壚
乾隆五十四年十二月初九日

走进方亭,见内有一块"诰命"碑。敬录如下。

诰 命

奉天承运,皇帝制曰:资父事君,臣子笃匪躬之谊;作忠以孝,国家宏锡类之恩。尔凤允论,乃捐职州同加四级凤汝仲之父,善积于身,祥开厥后。教子著义方之训,传家裕堂构之遗。兹以尔子克襄王事,封尔为朝议大夫,锡之诰命。於戏!殊荣必逮于所亲,宠命用光夫有子。尚宏佑启,益励忱恂。

制曰:锡类扬庥,恩不殊于中外;循陔追慕,情无间于后先。尔蔡氏乃捐职州同加四级凤汝仲之前母,家风肃穆,内则娴明。瑀珮犹存,眷芳型之未远;杯棬如故,欣庆典之方隆。兹以尔子克襄王事,赠尔为恭人。於戏!图史有闻,欲报寸心于宿草;彝章丕焕,用宏厚泽于新纶。

制曰:奉职在公,嘉教劳之有自;推恩将母,宜锡典之攸隆。尔殷氏乃捐职州同加四级凤汝仲之母,壸范宜家,夙协承筐之嫩;母仪贻谷,载昭画荻之芳。兹以尔子克襄王事,赠尔为恭人。於戏!彰淑德于不瑕,式荣象服;膺宠命之有赫,永贲泉垆。

乾隆五十四年十二月初九日。

"诰命"为帝王任命官员或封赠名号的一种文件。那么,方亭里的"诰命"碑告诉我们些什么呢?原来,上面记载着凤氏后裔凤允论和他的两个老婆的事情,还提及了凤允论的二儿子凤汝仲。

凤氏一脉,迁居洞庭西山始祖为宋靖康中汴梁马步军副统制凤韬。凤韬因当年抗击金兵，兵败黎阳渡，被贬为用头寨巡检，从而定居西山梧巷村落，传下凤氏一脉。凤氏后裔传至凤松溪，经常做善行义举之事，他捐田三十亩，以赡养族中困难户以及赈灾，被里人称为"德门"。碑中所述凤允论、凤汝仲即为凤松溪的后裔。

凤允论（1716—1793），字鲁经，太学生，曾率领族人重修宗谱。为凤韬十八世孙。乾隆二十年（1755），吴地受灾，百姓饥饿。他捐米三百四十石赈济贫困户。州县官吏为之感动，纷纷向朝廷报告，朝廷下旨，"议叙主簿，例封登仕郎，诰封朝议大夫"。也就是说，皇家看凤允论协助朝廷赈灾有功，最后给了一个四品散官，当然也是一种很高的荣誉。诰封凤允论，一荣俱荣，他的两位夫人蔡氏与殷氏也得到了诰封。"蔡氏，例封孺人，诰封恭人。继殷氏例封孺人，诰封恭人。"所谓"恭人"，则是古代命妇的一种。明清时，为四品官员之妻的封号。

孺人蔡氏与殷氏，知书达理，为大家闺秀。两人均有传记。

蔡孺人（1718—1742），举止安详，从小就懂得礼仪，以孝顺父母闻名乡里，有古代贤媛之风，为凤允论原配夫人。蔡氏嫁给凤允论后，孝敬公婆，敬重丈夫，诚敬祖宗，获得了全家人的称赞。赐进士出身、翰林院编修蔡扬宗为其写《蔡孺人传》。蔡孺人去世后，凤允论续弦娶了殷氏。

殷恭人（1721—1786），从小文雅端庄，熟读经书，乖巧伶俐，人见人爱。嫁给凤允论后，妯娌之间关系非常融洽，对丈夫十分敬重。允论病重，她侍奉周到。处理家

二亭记碑

中事务等公平公允。家中经营蚕桑等业，获得利益，她就储存起来，以待歉收之年用度。每逢修筑湖道等善行之事，她都能尽力而为。她教育儿子，严慈有度，舅舅姑姑都称赞凤允论娶了一位贤德的好媳妇。敕授文林郎、举人、候选知县朱钧有《殷太恭人传》。

凤汝仲（1762—1812），凤允论的二儿子。凤韬十九世孙。迁居木渎，字应簏，号闻峰。为太学生，湖北后补州同知加四级，诰封朝议大夫。碑上有"捐职州同加四级"之说，也就是说，捐钱买了个官衔。

行善积德，家有钱财，又有官位，光宗耀祖。凤允论百年之后，得到隆葬。买地、墓葬、建亭等，共用白金八百四十余元。昔年墓前建有二亭，一为诰命亭，一为享亭。清朱用宾有《吴县凤氏新修先茔二亭记》。今享亭已毁，仅存诰命亭与照池等。

西山同乡会

自宋朝以来,西山因人多地少,赋税繁重,故外出经商谋生者很多。他们中的大多数尚未成年就外出学徒,西山人称之为"学生意"或"吃客帮饭"。旅居外地的西山同乡,为促进经商,维护权益,联络乡情,造福桑梓,相继成立了同乡会,其中影响较大的是洞庭西山旅湘同乡会和洞庭西山旅沪同乡会。另外,苏州、无锡、湖州等地也都有西山同乡会及由西山同乡会设立的金庭会馆或金庭公店。

洞庭西山旅湘同乡会

清康熙年间,旅居湖南长沙、湘潭等地的西山同乡成立了洞庭西山旅湘同乡会。同乡会在长沙、益阳、常德、湘潭、宁乡五埠均设立金庭会馆,作为当地西山同乡固定的活动场所,会馆所有房屋地产等均属同乡会公产。清雍正元年(1723),同乡会在汉口公店街创办金庭公店,供汉口及湖南五地西山同乡共同活动之用。凡西山同乡过往,公店均提供一宿两餐的义务招待,遇有困难同乡,还补助旅费及食宿费。公店经费主要来自同乡会会员费、公产租金及同乡捐款。太平天国运动时由于汉口战乱,金庭公店财产被某教会侵占,经西山人葛二如出面,几度诉诸公堂,将其准备为儿子成家的钱也用完,仍无结果,最后葛二如为"唤回公正"而投江自尽，终于使同乡会收回了被侵占的财产，重新建立了金庭公店。为此，同乡会为葛二如父子在公店内设长生牌位，春秋两季祭祀，以报义魂。

1932年，旅湘同乡会下属缥缈社在金庭公店创办《缥缈》旬刊，以联络同乡感情，介绍故乡情况，广传故乡新闻。该刊发行量在汉口、长沙、益阳、常德、湘潭、宁乡共3000份，在上海、苏州、湖州、无锡及西山共3000份，年价包括邮费在内为1元大洋。1933年4月，该旬刊出至第十七期后，与苏州《小苏报》合刊，改作三日刊（一面为《小苏报》，一面为《缥缈》），版面大小及价格未变，目的是使同乡"同时可以看到苏州的新闻和苏州大文豪的作品"。当时金庭公店设总经理、副经理（月薪为大洋四十六元七角和四十元），遇有重要事务，均须向湘常宁益长五埠金庭会馆报告请求。公店每月固定支出在大洋二百元左右。旅湘同乡会遇有重大事务，则多在汉口金庭公店召开各埠同乡代表联席会议，共同商议以作决定。1932年，蔡瀛洲任旅湘同乡会金庭公店总经理，当时公店常年收入仅大洋五千元左右，因受各种摊派，入不敷出，亏空债务已达三千余元，过往同乡原有一宿两餐的义务招待也被迫取消。抗战后受战乱影响，"走湖广"的西山同乡会活动一度中止，抗战胜利后虽有所恢复，但与战前已不能相比。到中华人民共和国成立前夕，洞庭西山旅湘同乡会已自行解散。

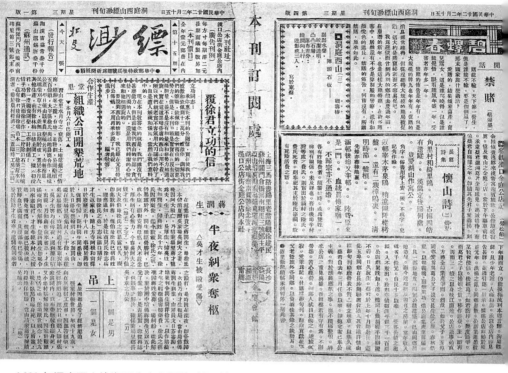

1933年洞庭西山旅湘同乡会出版的《缥渺》旬刊

洞庭西山旅沪同乡会、上海市洞庭西山金庭会馆

自清末以来，西山人旅居地人数，一直以上海为最多。洞庭西山旅沪同乡会成立于清光绪三十一年（1905），会所初在太平坊，后迁至小西门黄家阙路，首任会长罗焕章。上海市洞庭西山金庭会馆位于南市区陆家浜路，议创于光绪三十四年（1908）七月，发起人为郑龄九、罗焕章、郑贞吉、徐质斋。1913年8月动工建造，次年春落成。1914年8月22日召开上海市洞庭西山金庭会馆成立大会，通过

会馆章程，选举产生会馆第一届董事会。

光绪三十四年（1908）七月初四日，郑龄九向郑贞吉及徐质斋建议在沪创办供西山同乡停放灵柩之公所。时罗焕章任大清银行营口分行总办之职，因公事正在上海，遂由郑贞吉、徐质斋前往拜会罗，得到支持，罗焕章还建议成立会馆而附设殡所，并表示愿意捐助经费，以促其成。八月十八日在城内点春堂开期成会，事先邀请黄雪琴、徐鸿生、秦晋伯、秦幼卿、蔡叔和、金永庆、朱松圃、吴炳刚、吴光华、秦子穆、蔡少渔、费晚香、沈达夫、郑渭安、沈永康、郑冉贤、秦阆轩、徐念椿、徐日宣、蔡月槎、徐仲甫、葛子培、徐霁生、郑华庭等加入协助。罗焕章、郑龄九首捐基金大洋五千元以作倡导，到会西山同乡纷纷踊跃捐款，未到会的亦陆续前往捐资。随后由徐勤安、秦葵臣二人赴湘潭、长沙、宁乡、益阳、常德、汉口、苏州、杭州、湖州等地向西山同乡募集经费万余元。时会计一职由同源享绸庄黄雪琴担任。后又发起将西山同乡经营的苎麻，每件捐银二分作为会馆经费，积聚数年，仍不够用，遂向同乡筹借公债，以七千元购得陆家浜一角地基，前后经营六载，终于1914年春在陆家浜建成金庭会馆正房及市房33幢，总造价约大洋六万元。当时会馆章程等主要由徐日宣、郑冉贤起草。1915年春，由秦幼卿、徐质斋发起集资二千元开设大椿材会，经营所得利润充作会馆经费，以平价向同乡售棺材，并向贫困同乡赊材。因有部分灵柩运回西山后无地安葬，遂由西山继善堂拨给位于屠坞的公山（清乾隆年间由里人徐慎照、徐载源父子捐），由大椿材会负责雇工安葬并立碑标记。会馆在西山马城宫、渡马桥办殡舍两所，有堂务管理员一名。1923年，为便于同乡回山遇风雨时食宿，会馆在胥口胥定桥旁购屋一所，创设金庭寄旅，由会馆雇职员一名。1924年春，由徐质斋发起，蒋宗培、金永庆、夏春樵、汪兴福四人出资在西山渡马桥侧购地三分增建殡舍三间。

1917年3月，金庭会馆第二届董事会改选成立，但议事仅数次，因董事各持己见，以致多数放弃职权，任少数董事独揽大权，通同会会馆司事营私舞弊，会馆趋于涣散。1924年11月，经同乡大会决议组成上海市金庭会馆善后委员会，负责会馆董事改选及清理积弊，委员长一职初由徐霁生担任，后因徐任职江苏省政府，由徐质斋担任。

1924年12月，西山旅沪同乡会选举第四届职员，夏春樵（西山夏家底人，住址在上海北浙江路宁康里359号，职业为丝厂主）为正会长，副会长为汪福兴（西山角里人，住址在上海三马路书锦里，职业为汪合兴绸庄主）、徐霁生（西山东宅河人，住址在上海望平街，职业为新世界图章店主）。第二届、第三届西山旅沪同乡会会长分别为沈薇卿（西山汇里人，住址为上海福建路陶朱里，职业为大丰裕绸庄主）、秦山森（西山秦家堡人，职业为四马路和乐坊工商医院医生）。时西山旅沪同乡会共有会员约两千名，名誉会员为汪兴福、金立人（西山夏泾人，住址在上海方板桥荣华里，职业为律师）、徐霁生、夏春樵、凌永祥（西山衙里人，住址在上海杨树浦近胜路新明里，系军界人物）、秦山森、秦绍丞（西山明湾人，住址在上海静安寺路赫德路口）等7人，特别会员为沈薇卿等19人。

| 副会长 | 副会长 | 副会长 |
| 徐霁生 | 夏春樵 | 汪福兴 |

1924年西山旅沪同乡会正副会长照片

    1926年冬，因会馆四周逐渐热闹，殡舍被官方勒令限期迁移，故会馆在龙华路小木桥购得旧屋十一间并前后空地，以旧屋作西山同乡殡房，名为"金庭公所"，1932年又在后面空地添建殡房七间。1926年，屠殿臣、徐勤安、金永庆捐资在会馆创办金庭旅沪小学，以便于同乡子弟读书上学，后因经费不济停办，1931年6月由沈石声发起续办。1927年12月，由金庭会馆善后委员会召集同乡大会，选举夏春樵等人为董事，因同乡蔡伯琴、张泉生等登报反对，未就职。1929年，会馆奉社会局训令依法呈请注册，时罗焕章赋闲在沪，遂由罗主持，组成金庭会馆临时执行委员会，罗焕章任委员会主席。是年由金永庆等十三人集资八百元另设长生材会，因偷工减料而于次年停办。是年6月，罗焕章将西山马城宫庙侧房屋一所（六间）捐给会馆作为殡房。是年，由徐质斋发起组织德义善会，专办抚恤西山孀老穷困，次年11月停办；另组织积德善会，因艰于募款，不久亦停办。1931年，会馆市房因年久失修，奉公安局令翻造，由会馆临时执行委员会罗焕章、徐勤安等与丰泰公司订立租地造屋合同，每年订租金仅银一千七百十两，定租期为二十五年，遭到同乡群起反对，乃在法租界紫来街同德里设置临时同乡会，后经诉诸法律，得胜诉，解除租地合同，临时同乡会亦撤销。1931年9月，呈准市社会局选举会馆第四届董事会，所有翻造市房事宜，归新董事会筹办，会馆临时执行委员会撤销。11月4日开始拆卸旧市房，1932年6月28日动工建新市房，同年9月4日举行落成典礼。新市房有陆家浜、大兴街两处共35幢，为钢筋水泥结构，总造价银34500两，其中大洋17000元向志成银公司借入，其余为向同乡募集及借贷。

1933年6月1日，中国国民党上海特别市执行委员会向金庭会馆正式颁发许可证书。上海市洞庭西山金庭会馆第四届董事及职员为常务董事徐霁生、凌永祥、徐惠民；经济董事郑星涵、葛子培、柳天华、金永庆、徐芝泉；总务董事徐质斋、秦述先、王存闲、胡子宜、胡增奎、夏春樵、朱杏荪、葛缉甫；候补董事金仲涛、吴倚南、罗明善、汪兴福、秦阑生、徐雪明、沈仲为；文牍员徐棣华，司事徐康成、凌文锦；胥口金庭寄旅司事秦伯坚，驻西山堂务管理员徐颉夫。会馆编辑出版同乡会《金庭》月刊，以报道西山新闻，沟通旅沪同乡与西山的信息，并对西山事务施以舆论影响。1937年8月，淞沪会战爆发，金庭会馆遭日机轰炸，房屋财产被烧掠一空。

在西山旅沪同乡会和金庭会馆董事会中,除罗焕章、郑龄九等少数巨富外,还有许多是社会地位较高的工商界、军政界人士。在当时,造福桑梓被视为时尚,捐资家乡的多少与个人的地位名誉密切相关,因此旅沪同乡会和金庭会馆具备相当的实力。旅沪同乡爱护西山的名胜古迹,多次集资修庙、铺路、造桥、开河,募捐款物赈济受灾山民,

常务董事徐霁生　常务董事凌永祥　常务董事徐惠民　总务董事夏春樵

总务董事王存闲　总务董事葛缉甫　总务董事朱杏荪　总务董事胡增奎

总务董事胡子宜　经济董事金永庆　经济董事郑星涵　总务董事秦述先

1934年金庭会馆主要人员像(一)

1934年金庭会馆主要人员像（二）

每年提供药物、棉衣等物资，资助及安排旅沪无业或失业同乡的生活，以及向西山地方当局施加舆论影响，改善西山公益设施和人民生活条件等。民国初年，西山私塾很少，能读书识字的人不多，为提高山人素质，使绝大多数儿童能读书上学，以会长罗焕章为首的西山旅沪同乡会，捐资在西山办公立学堂，共建立了横山、东村、植里、东河、镇夏、堂里、鹿村、东蔡、慈里、甪里等十所求忠小学，成为西山现代教育事业的开端。

抗战初期，徐定安（徐霁生之子）在四川路租房，作为西山旅沪同乡会联络、开会的临时场所，但只维持了一年多时间，以后同乡会活动暂停。抗战胜利后，徐定安等旅沪同乡在宁波路钱业公会俱乐部内组成西山旅沪同乡会筹备会，积极为恢复同乡会而活动。1947年，同乡会《金庭》月刊重新出版发行。1948年6月6日，在宁波路钱业公会俱乐部召开了洞庭西山旅沪同乡会成立大会，共有400多位西山同乡出席。大会以自由投票选举的方式，选出了新的旅沪同乡会理事15人，监事5人，候补监事2人。6月15日，在同乡会临时办事处金陵东路84号徐立信的泰昌公司内，举行了理事、监事就职典礼，并选举徐福康、徐立信、张振远、吴达卿、诸钰如五人为常务理事，沈仲为当选为常务监事，继由常务理事推举徐立信担任洞庭西山旅沪同乡会理事长之职。洞庭西山旅沪同乡会重新成立后，不改热心公益造福桑梓的宗旨，为西山做了许多实事，但不论是规模还是声势，都已与抗战前不能相比。1949年春，上海时局动荡不定，洞庭西山旅沪同乡会亦自行解散。

金庭青年联谊社

20世纪30年代，从西山十所求忠小学毕业的学生，许多都到上海求职谋生，为联络同乡同学的感情，西山旅沪同学组成了求忠同学会，会长汪兴福，有宣传会刊《乡音》。1947年10月,以店员、职员为主的旅沪西山青年商人,成立了金庭青年联谊社,简称"金青社",为洞庭西山旅沪同乡会的附属组织。金青社在西山亦设分社,上海及西山两地共有社员400余人。

金青社发起人有诸钰如、冯达仁、徐日昕、戚斯明、马瀛楚、凤锡祜、黄浩然、秦达元等,诸钰如任理事长。金青社设理事21人,候补理事7人,监事9人,候补监事5人,均由社员大会选举产生。理事会设理事长1名,副理事长2名,并置文书股、出纳股、宣传股、妇女股、特别委员会等9股,各股设主任1名。监事会设常务监事3名。理事、监事任期均为1年,无连任限制。经费主要来自社员社费及各类捐款。金青社"以联络同乡青年情谊,鼓励学术,发挥互助精神,共谋桑梓福利,期达成建设新西山为宗旨",社址在上海贵州路永平里6号。

金青社社员多为店员、职工,虽财力有限,仍热心西山公益,曾多次集资捐款,在西山免费种牛痘,免费为同乡治病施药,还免费为同乡提供新品蚕种,并聘请专家指导育种和饲养。金青社具体负责西山旅沪同乡会《金庭》月刊的编辑工作,许骏、冯达仁先后任该刊编辑。1949年春,因当局实行新闻出版管制,《金庭》月刊被迫停刊,不久,时局动荡,洞庭西山旅沪同乡会金庭青年联谊社自行解散。

洞庭西山旅苏同乡会

创于1927年夏,会所设在苏州阊门外南濠街77号。该会至抗战前共改选五次,约有会员六七百人。1935年该会第五届职员有费廷璜等。

西山旅沪同乡会出版的《金庭》

抗战爆发后,西山旅苏同乡会被迫停止活动。抗战胜利后,1946年2月27日在南濠街煤业公会礼堂举行西山旅苏同乡会会员大会,有60人出席,大会选举产生了西山旅苏同乡会第六届职员,通过了新的同乡会简章。西山旅苏同乡会第六届理事7人为郑希庄、徐佐舜、郑伟业、徐寅生、郑一厂、蒋宗培、周介福,理事长徐佐舜,常务理事蒋宗培、郑一厂。候补理事3人,监事2人,候补监事1人。理事、监事均由会员大会选举产生,任期一年,连选得连任;会员大会每年举行一次,理监事常会每月举行一次;经费来源主要有会产收入和会员费等。苏州解放前夕,时局动荡,洞庭西山旅苏同乡会自行解散。

附：上海市洞庭西山金庭会馆章程

1933年2月7日同乡大会通过，上海特别市党部批准备案。

第一章　总纲

第一条　本会馆为洞庭西山旅外同乡捐资设立者，故定名为"上海市洞庭西山金庭会馆"，简称"金庭会馆"。

第二条　本会馆以联络乡谊、办理同乡公益、发展本山地方教育等一切慈善事业为目的。

第三条　本会馆设事务所于上海陆家浜金庭会馆内，于必要时得设分事务所。

第二章　会员

第四条　凡属本国国籍住居洞庭西山及阴山、横山、叶山之男女，年满十六岁以上、旅居上海有确实地址、正当职业者，经会员二人之证明，皆得为本会馆会员。

第五条　凡有下列情事之一者不得为本会馆会员：（一）有反革命行为经判决确定者；（二）剥夺公权尚未复权者；（三）有损害本会之事实者；（四）有精神病者。

第三章　职权

第六条　本会馆设董事十五人，候补董事九人，由同乡大会选举之。董事会职权如下。

（一）关于事业之兴革事项；（二）关于经费之筹划事项（惟募捐事项须先呈准市社会局）；（三）关于预算决算之审议事项；（四）关于财产之保管及处理事项（惟变更财产应由大会决定、事前呈准市社会局方生效力）；（五）关于各项规则及办事细则之决议事项；（六）关于雇员职务之规定事项；（七）关于主管官署交办事项；（八）关于本乡公益事项；（九）关于其他监督整理维持改善事项。

第七条　本会馆由董事中推选常务董事三人，其职权如下：（一）关于董事会议之召集事项；（二）关于董事会决议案之执行事项；（三）关于本会馆职工之考勤事项；（四）关于本会馆日常公文之批阅核办事项。

第八条　本会馆得设总务、经济、保管、调查、救济、教育六股，每股设正副主任各一人，由董事中互推之。

第九条　本会馆董事均为名誉职，任期二年，期满重新选举之。

第十条　本会馆董事在任期内有不称职者，经同乡大会之决议得解除其职务，但须呈报市社会局备案。

第四章　权利与义务

第十一条　凡我同乡均有享受保护之权利，亦均有维持会馆之责任、担任经费之义务。

第五章　会议

第十二条　本会馆大会分定期会议与临时会议两种，定期会议每半年举行一次，临时会议由会员百分之四以上之同意，或董事会决议召集之。

第十三条　本会馆之改组或解散须经同乡大会会员三分之二以上之出席，出席会员三分之二以上之决议，前项决议应经监督机关之核准。

第十四条　同乡大会之决议以同乡（会员）十分之一以上之出席，出席同乡过半数之同意行之。

第十五条　下列各款事项之决议以会员十分之一以上之出席，出席同乡（会员）三分之二以上同意行之：（一）变更章程（须先呈准市社会局备案）；（二）监督董事职务之进行；（三）开除会员。

第十六条　本会馆董事会议每两星期举行一次，遇必要时得由常务董事召集临时会议。

第六章　经费

第十七条　本会馆经费以下列各款充之：（一）会员月捐；（二）特别捐；（三）市房租金。

第十八条　凡本会馆会员每月须缴月捐，其数目自由认捐之。

第七章　附则

第十九条　本章程如有未尽事宜，得依本章程第十五条之规定并经监督机关之核准修正之。

第二十条　本章程经同乡大会之通过，并呈准监督机关核准施行之。

编后记

《志说西山》循历史之文脉，试图以志书的形式来叙述西山历史发展变化，并表达一种严谨的治学态度，使读者有史可据，读来信之。篇虽不多，但内容涉及岛名渊源、物产历史、景观特色、历史人物、寺庙兴衰、村落探源、名泉古井等诸方面。文稿借助历史资料，或为实地踏勘、采访百姓而得。其中村庄姓氏来源，大部分录自家谱，少数源于《西山镇志》及里人口述。物产等部分相关内容来自碑刻。对钱穆先生为何落葬在石皮山之事，引录其幼女钱辉老师大作《两代弦歌三春晖》中的相关内容进行了解答。对东村殷孺人传为乾隆之藏娇，以清翁方纲所撰写的传略做了分析……本文在采访中得到了村人的大力支持，也得到了徐家俊及秦氏、蔡氏族人等的资料支持，在此一并表示衷心的感谢！由于编著者水平有限，缺点、错误在所难免，敬请方家指正。

编著者

2024 年 6 月